科技创新战略与实践丛书

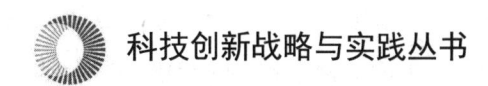

科技创新"双循环"生态系统
基于粤港澳大湾区的实践与探索

张寒旭	罗梦思	韦文求	◎主　编
盘思桃	张会勤	陈　诚	◎副主编
刘　洋	封春生	黄　容	◎参　编
张树锋	徐　瑞		

电子工业出版社
Publishing House of Electronics Industry
北京·BEIJING

内 容 简 介

在新发展格局下，本书以创新资源的流动和配置为切入点，阐述科技创新"双循环"生态系统的构成和运行机理。本书以粤港澳大湾区为例，深入探索构建科技创新"双循环"生态系统的现实基础与存在的问题，在借鉴世界三大湾区创新发展经验的基础上，提出构建以"广深港""广珠澳"科技创新走廊为轴的科技创新国内循环系统，实现自主创新能力提升；构建以"一带一路"为核心的科技创新国际循环系统，形成高水平的开放创新格局；从构建多元、长效的基础研究投入机制，企业主导的关键核心技术攻关机制，更加灵活的科技成果转化机制，科学有效的人才引进培育机制，公平开放的创新环境保障机制等方面，探讨实现科技创新国内国际双循环互促发展的动力机制。

未经许可，不得以任何方式复制或抄袭本书之部分或全部内容。
版权所有，侵权必究。

图书在版编目（CIP）数据

科技创新"双循环"生态系统：基于粤港澳大湾区的实践与探索 / 张寒旭，罗梦思，韦文求主编. —北京：电子工业出版社，2023.10
（科技创新战略与实践丛书）
ISBN 978-7-121-46403-4

Ⅰ. ①科… Ⅱ. ①张… ②罗… ③韦… Ⅲ. ①区域经济－技术革新－研究－广东、香港、澳门 Ⅳ. ①F127.6

中国国家版本馆 CIP 数据核字（2023）第 183093 号

责任编辑：李　敏
印　　　刷：三河市鑫金马印装有限公司
装　　　订：三河市鑫金马印装有限公司
出版发行：电子工业出版社
　　　　　北京市海淀区万寿路 173 信箱　　邮编：100036
开　　本：720×1000　1/16　印张：10　字数：163 千字
版　　次：2023 年 10 月第 1 版
印　　次：2025 年 6 月第 2 次印刷
定　　价：96.00 元

凡所购买电子工业出版社图书有缺损问题，请向购买书店调换。若书店售缺，请与本社发行部联系，联系及邮购电话：（010）88254888，88258888。
质量投诉请发邮件至 zlts@phei.com.cn，盗版侵权举报请发邮件至 dbqq@phei.com.cn。
本书咨询联系方式：limin@phei.com.cn 或（010）88254753。

FORWORD 前言

国家提出构建以国内大循环为主体、国内国际双循环相互促进的新发展格局。加快科技自立自强是确保国内大循环畅通、塑造我国在国际大循环中新优势的关键。坚持科技自立自强不是闭关自守，在当今国际分工越来越细的大环境下，没有哪个国家能独自承担从基础应用研究到产品生产研发的各个环节，在坚持科技自立自强的同时，还要积极融入全球创新网络。因此，科技创新本身也要形成国内国际"双循环"，即以科技创新国内循环实现科技自立自强，以科技创新国际循环构建高水平的开放创新格局。构建科技创新"双循环"生态系统是坚持自主创新与开放合作的辩证统一，只有立足于自主发展的基石，以全球视野谋划和推动科技创新，扩大科技领域开放合作，充分利用全球创新资源，才能实现高水平的科技自立自强。

本书基于系统论思想，构建了科技创新"双循环"生态系统模型，并对该模型的构建机理和运行动力进行了详细阐述，厘清了创新生态系统中的主体角色、资源和要素的流动、主体的互动关系和动力机制等关键问题，同时将理论研究应用到了粤港澳大湾区的创新发展实践中。粤港澳大湾区是中国对外开放程度最高、经济活力最强、科技创新水平最高的地区之一，肩负着打造"具有全球影响力的国际科技创新中心"的历史重任。我们希望以粤港澳大湾区为研究对象，探讨科技创新"双循环"生态系统的建设路径，为解决粤港澳大湾区国际创新资源循环受阻、粤港澳三地创新资源流动存在行政壁垒、内部创新资源分布不均等问题，实现粤港澳大湾区协同创新发展提供决策支撑，也为其他地区营造良好的创新生态、提升区域创新能力提供经验借鉴。

本书共 6 章。第 1 章重点阐述了创新生态系统的概念、创新资源的配置，以及科技创新"双循环"生态系统的相关概念与研究综述，由盘思桃、黄容、徐瑞执笔。第 2 章对科技创新"双循环"生态系统的构建展开理论分析，提出科技创新"双循环"生态系统模型，阐述该模型的构建机理，由张寒旭、徐瑞执笔。第 3 章应用 SWOT 模型分析粤港澳大湾区创新生态系统面临的发展机遇、挑战，以及该系统的核心优势和突出短板，由韦文求、封春生、张树锋执笔。第 4 章重点分析旧金山湾区、纽约湾区和东京湾区的创新生态系统的建设经验，为粤港澳大湾区创新生态系统的构建提供借鉴和启示，由刘洋、陈诚、张树锋执笔。第 5 章探讨粤港澳大湾区科技创新"双循环"生态系统的建设路径，总结梳理了粤港澳大湾区"9+2"城市的科技创新资源，研究分析了"一带一路"沿线主要国家的创新资源与科技合作需求，提出构建以"广深港""广珠澳"科技创新走廊为轴的科技创新国内循环系统、以"一带一路"为核心的科技创新国际循环系统，由张寒旭、罗梦思执笔。第 6 章研究粤港澳大湾区科技创新"双循环"生态系统的建设保障机制，包括基础研究投入机制、关键核心技术攻关机制、科技成果转化机制、人才引进培育机制、创新环境保障机制，由张寒旭、张会勤执笔。此外，张寒旭负责本书的总体策划、审稿，罗梦思、韦文求负责统稿，盘思桃、张会勤、陈诚负责整理与修编。

编者在本书的成稿过程中参阅了很多政府部门的发展规划、总结报告和文献资料，获得了广东省科学技术厅一手材料的支持，在此一并表示感谢。创新是引领发展的第一动力，在新发展格局的背景下，研究科技创新"双循环"生态系统正当其时，我们将以此为切入点深入开展区域创新研究，力争在总结经验的基础上实现理论创新，再应用理论指导区域创新实践。

张寒旭

2023 年 3 月 21 日

CONTENTS 目录

第1章 绪论 ········· 1

1.1 创新生态系统 ········· 3
1.1.1 创新生态系统的定义 ········· 3
1.1.2 创新生态系统的特征 ········· 4
1.1.3 创新生态系统的分类 ········· 5

1.2 创新资源的配置 ········· 6
1.2.1 创新资源的特征 ········· 7
1.2.2 创新资源配置的目标及原则 ········· 7
1.2.3 创新资源的配置模式 ········· 8

1.3 科技创新"双循环"生态系统 ········· 8
1.3.1 "双循环"新发展格局 ········· 8
1.3.2 科技创新"双循环" ········· 9
1.3.3 科技创新"双循环"生态系统的定义 ········· 9

1.4 粤港澳大湾区的创新发展研究 ········· 10

第 2 章 科技创新"双循环"生态系统的构建理论分析 ················ 13

  2.1 科技创新"双循环"生态系统模型 ································· 14

    2.1.1 创新主体 ·· 14

    2.1.2 创新组织 ·· 18

    2.1.3 创新资源 ·· 21

    2.1.4 创新环境 ·· 22

    2.1.5 创新集群 ·· 23

    2.1.6 产业集群 ·· 23

    2.1.7 "双循环"生态系统 ··· 24

  2.2 构建机理分析 ·· 26

    2.2.1 科技创新国内循环生态系统的构建机理 ······················· 26

    2.2.2 科技创新国际循环生态系统的构建机理 ······················· 28

    2.2.3 创新生态系统运行的动力机理 ···································· 29

第 3 章 粤港澳大湾区创新生态系统的 SWOT 分析 ················· 35

  3.1 发展机遇 ·· 36

    3.1.1 肩负探索更高开放与合作水平的新使命 ······················· 36

    3.1.2 粤港澳三地协同发展促进创新生态优化 ······················· 36

    3.1.3 打造具有全球影响力的国际科技创新中心 ··················· 37

    3.1.4 新一轮科技革命及产业变革持续发展 ·························· 38

  3.2 面临挑战 ·· 39

    3.2.1 外向型经济发展韧性不足 ·· 39

    3.2.2 区域一体化制度存在梗阻 ·· 40

    3.2.3 城市本位化制约协同发展 ·· 41

目录

    3.2.4 协同创新发展通道不畅通 ································· 42

3.3 核心优势 ·· 43

    3.3.1 粤港澳三地创新主体高度聚集，推动创新链条日趋完善 ······· 43

    3.3.2 先进制造业和现代服务业引领，产业链条向高端化发展 ······· 44

    3.3.3 国际和港澳创新资源有效聚集，开放创新优势逐渐显著 ······· 45

    3.3.4 资金链和人才链形成有力支撑，创新生态环境不断优化 ······· 46

3.4 突出短板 ·· 48

    3.4.1 基础研究能力有待提升 ································· 48

    3.4.2 关键核心技术受制于人 ································· 49

    3.4.3 产业发展尚未有效协同 ································· 50

    3.4.4 创新资源循环有待畅通 ································· 51

第4章 国外湾区创新生态系统建设的经验借鉴 ···················· 53

4.1 旧金山湾区 ·· 54

    4.1.1 构建区域协调机制，形成优势互补的产业功能分区 ··········· 54

    4.1.2 推动主体良性互动，实现科技资源的高效流动配置 ··········· 55

    4.1.3 建立风险投资体系，形成强力支撑的科技金融生态 ··········· 56

    4.1.4 激活创新冒险基因，营造开放包容的创新文化氛围 ··········· 57

4.2 纽约湾区 ·· 58

    4.2.1 政府主动减税降费，优化企业创新环境 ···················· 58

    4.2.2 推动产学研一体化，完善协同创新体系 ···················· 60

    4.2.3 依托金融科技力量，构建金融创新生态 ···················· 60

    4.2.4 打造宜居宜业环境，集聚高素质劳动力 ···················· 61

4.3 东京湾区 ··· 62
 4.3.1 实施工业分散战略，引导湾区产业合理布局 ····················· 62
 4.3.2 创新人才引进机制，集聚全球科技人才资源 ····················· 63
 4.3.3 推动科技成果转化，打通科技创新生态链条 ····················· 63
 4.3.4 构建创业孵化体系，打造良好创新创业环境 ····················· 64

4.4 经验启示 ·· 65
 4.4.1 构建区域协调发展机制 ··· 65
 4.4.2 积极培育产业创新链条 ··· 66
 4.4.3 推动完善科技金融体系 ··· 67
 4.4.4 着力打造科技创新生态 ··· 68

第 5 章 粤港澳大湾区科技创新"双循环"生态系统的建设路径 ············ 69

5.1 构建以"广深港""广珠澳"科技创新走廊为轴
  的科技创新国内循环系统 ·· 70
 5.1.1 粤港澳创新资源的现状分析 ·· 70
 5.1.2 对策建议 ·· 91

5.2 构建以"一带一路"为核心的科技创新国际循环系统 ··················· 103
 5.2.1 "一带一路"沿线主要国家的创新资源与科技合作需求分析 ···· 103
 5.2.2 对策建议 ·· 116

第 6 章 粤港澳大湾区科技创新"双循环"生态系统的建设保障机制 ········ 125

6.1 构建多元、长效的基础研究投入机制 ·· 126
 6.1.1 完善多元、稳定的科技资金投入机制 ···························· 126
 6.1.2 构建基础研究和应用研究的融通机制 ···························· 126
 6.1.3 探索符合基础研究规律的评价机制 ································ 127

6.2 构建企业主导的关键核心技术攻关机制 ……………………… 127
6.2.1 强化企业的技术创新主体地位 ……………………… 127
6.2.2 优化市场导向的创新组织机制 ……………………… 128

6.3 构建更加灵活的科技成果转化机制 ……………………… 129
6.3.1 健全科技成果转化的激励机制 ……………………… 129
6.3.2 建设开放联动的技术要素市场 ……………………… 130
6.3.3 加大金融工具的支持力度和强度 ……………………… 131

6.4 构建科学有效的人才引进培育机制 ……………………… 131
6.4.1 完善人才流动机制 ……………………………………… 131
6.4.2 完善人才培养机制 ……………………………………… 133
6.4.3 完善人才评价机制 ……………………………………… 134
6.4.4 完善人才激励机制 ……………………………………… 135

6.5 构建公平开放的创新环境保障机制 ……………………… 136
6.5.1 完善科技创新统筹协调机制 ……………………………… 136
6.5.2 构建开放创新的协同合作机制 …………………………… 137
6.5.3 优化知识产权保护运用机制 ……………………………… 137
6.5.4 完善创新资源自由流动机制 ……………………………… 138

参考文献 ……………………………………………………………… 140

第1章 绪　　论

　　"双循环"新发展格局是我国根据形势适时提出的重要发展思路,科技创新"双循环"生态系统是"双循环"新发展格局的重要支撑系统,因而我们需要根据"双循环"新发展格局这一发展思路重新审视科技创新"双循环"生态系统,包括审视科技创新"双循环"生态系统中创新主体的角色、创新资源和要素的流动、创新主体的互动关系和体制机制的支撑等,研判"双循环"新发展格局对科技创新的新要求,以及如何建立适应"双循环"新发展格局的科技创新"双循环"生态系统。

科技创新"双循环"生态系统：基于粤港澳大湾区的实践与探索

当前全球贸易遭遇"寒流"，逆全球化、贸易保护主义、政治保守主义等浪潮日益加剧，美国实行经济单边主义和贸易施压政策，使得我国的制造业面临美国等发达国家和一些发展中国家的双重挤压，产业链、供应链的循环受阻，利用外部资源的难度加大，国家提出构建以国内大循环为主体、国内国际双循环相互促进的新发展格局。习近平总书记指出："只有把核心技术掌握在自己手中，才能真正掌握竞争和发展的主动权，才能从根本上保障国家经济安全、国防安全和其他安全。"习近平总书记还指出："要深化国际交流合作，充分利用全球创新资源，在更高起点上推进自主创新，并同国际科技界携手努力为应对全球共同挑战作出应有贡献。"可见，要充分发挥科技创新对经济"双循环"新发展格局的推动作用，首先要实现科技创新"双循环"，即以科技创新国内循环实现科技自立自强，以科技创新国际循环构建高水平的开放创新格局。

粤港澳大湾区是我国对外开放程度最高、经济活力最强的地区之一，区域创新能力强，在金融、现代服务业、智能制造等方面具有显著优势，肩负着打造"具有全球影响力的国际科技创新中心"的历史重任。以粤港澳大湾区为研究对象探讨科技创新"双循环"生态系统的建设路径，对完善区域创新理论与实践具有重要意义。

一是有利于完善区域创新理论体系。区域创新是知识和信息等要素不断流动和互动而形成的结果，"双循环"新发展格局将显著改变这些创新要素的流动方向和互动模式。因此，我们需要从国内外创新要素优化配置的视角构建区域创新生态系统，探讨创新生态系统中各个利益主体之间、创新链各个环节之间采用何种配置模式、路径、机制才能实现创新资源高效整合，快速形成有利于加快关键技术"补短板""锻长板"的科技创新模式和新型的国际科技创新合作模式，这对于完善区域创新理论体系、推动创新生态系统实现良性持续发展具有重要的理论意义和现实意义。

二是有利于支撑粤港澳大湾区协同创新发展。长期以来，粤港澳大湾区面临着国际创新资源循环受阻、粤港澳三地创新资源流动存在行政壁垒、内部创新资源分布不均等问题，迫切需要以系统的、多维度的视角去研究如何实现协同创新发展。构建粤港澳大湾区科技创新"双循环"生态系统，使得科技创新生态系统的目标、任务、结构和资源配置符合"双循环"新发展格局的要求，引导资源要素实现跨区域流动，促进创新资源合理分配和重组，对提高粤港澳大湾区的资源利用效率、实现创新协同发展具有重要意义。

三是为其他地区的创新生态建设提供可借鉴的经验。"双循环"新发展格局是自立与开放协同的战略载体。基于系统论思想，构建科技创新"双循环"生态系统，搭建新发展格局下科技自立自强与开放创新有机协同的理论框架，厘清科技创新生态中的主体角色、资源和要素的流动、主体的互动关系和动力机制等，能够为其他地区营造良好的创新生态、提升区域创新能力提供经验借鉴。

1.1 创新生态系统

国内外学者主要从创新生态系统的内涵、构成要素、评价、共生演化等方面展开研究。Cooke（2004）认为，区域创新生态系统是由在特定地理空间内的企业、研究机构、高校等组织，通过相互交流、相互分工而构成的区域性创新网络系统。张运生等（2020）、刘兵等（2019）、徐君等（2020）分别从技术标准、人才配置、资金等方面，探讨创新要素对创新生态系统构建的影响。Leydesdorff（1998）、祁明等（2009）、李晓娣等（2020）、解学梅等（2021）分别通过构建三螺旋评价模型、TRIZ理论模型、共生度模型、生态位适宜度模型对创新生态系统进行评价和实证研究。温科等（2020）基于创新与产业的深度融合探讨如何优化区域创新系统。基于以上学者的研究，我们将创新生态系统的定义总结如下。

1.1.1 创新生态系统的定义

创新生态系统是一定区域内多元利益主体与创新环境构成的有机整体，是由多元利益主体之间协同互动所形成的复杂网络创新组织模式。多元利益主体之间进行深入合作，实现资源的高度整合，产生系统叠加的非线性效应。创新生态系统是涵盖了创新主体、创新组织、创新资源、创新环境、创新集群和产业集群的相互关联的大环境，实现了资源的共享互补、相互依存、相互促进。

1.1.2 创新生态系统的特征

在创新生态系统中，各创新主体输入或输出与创新相关的物质和信息，积极主动地进行创新活动。各创新主体与创新环境之间，通过技术、信息、资金、人才的流动相互影响、相互制约，形成一个协同演化、创新开放的复杂系统。创新环境为创新主体提供外部支持，如创新资源、创新基础设施、创新政策等。与人们日常所说的"创新体系"不同，创新生态系统强调各要素在地理位置上的依赖性，其发展是一个自然的演化过程。在这个系统中，各要素面临共生的基础条件，彼此相对稳定和独立，同时又相互依赖。在创新生态系统的形成和发展过程中，创新主体的数量由少到多，种类由单一到多样，主体间的关系由简单到复杂，其辐射范围逐步向外扩展。创新生态系统不是封闭的，受外部环境的影响，其会和外部产生物质、信息及能量的交流。从整体来看，创新生态系统内各创新主体间的相互作用、系统内外的物质交流，使得系统内各创新主体始终处于动态之中。

创新生态系统具有生态系统的一般特性，即整体性、层次性、耗散性、动态性、复杂性和交互性，如表1-1所示。

表1-1 创新生态系统的特性

特 性	内 涵
整体性	创新生态系统是创新主体与创新环境的有机集合而非简单相加，在运行方式、目标、功能等方面都表现出统一的整体性
层次性	不同层次的创新性质各异，如原始创新和技术创新遵循不同的规律，对生态系统的要求也各不相同
耗散性	创新生态系统与外部环境进行信息、能量和物质的交流，实现从无序到有序的转变
动态性	创新生态系统不是静止不变的，在内外部因素的作用下会持续发生变化
复杂性	创新生态系统的要素多种多样，差异性大，其中的作用机制预测难度大
交互性	创新生态系统的演化依赖于所有创新主体之间的协同合作、相互支撑，而非单个创新主体

除了一般特性，创新生态系统还有一些独有的特性。在创新生态系统中，创新主体之间的关系不仅表现在地理位置上的相近，还表现在技术、文化、人力资源等多方面的高度相似，信息传输速度极快。创新主体之间的关系超出了一般意义上的市场合作关系，创新主体在文化、行为模式、发展理念等方面形成了对彼此的高度认同感，这种密切关系不像企业组织关系那样紧密，但又强于市场关系。在创新生态系统中，网络效应明显，整体产生的经济效益远大于单个组织的效益之和，整体抗风险能力很强。

1.1.3 创新生态系统的分类

创新生态系统的类型划分相对多元。从区域的角度划分，创新生态系统可以分为国家创新生态系统、城市创新生态系统等，也可以分为产业创新生态系统和企业创新生态系统。

国家创新生态系统：国家创新生态系统是一个跨行业、跨组织、跨地域，由若干组织进行创新或自主创新，并且能不断地自行繁衍生息的创新生态系统，也是创新组织、创新体制或制度等一系列创新形式的基本载体。一个国家的所有创新主体都是该系统的有机组成者。中国的创新生态系统是实现中华民族科技强国的基体，从早期科学家所建立的零星创新点，到如今错综复杂的创新生态体，完成了从点—线—面—体的演进过程。当前中国的创新生态系统主要包括：一是科研院所主导的创新生态系统，如中国科学院等专业性实体科研机构所构成的系统；二是高校主导的创新生态系统，如清华大学、北京大学这样的综合研究型大学所构成的系统；三是企业主导的创新生态系统，主要是由大型国企和民营企业组建的创新组织所构成的创新生态系统；四是个体主导的创新生态系统，主要表现为以微创新为主的零散式创新。

城市创新生态系统：城市创新生态系统可以表示为城市创新的扩散效应和科技产业的聚集效应的矢量集合，以及一个独特的包括科技、经济、社会结构的自组织创新体系和相互依赖的创新生态系统。创新的聚集能力和扩散能力是体现城市的创新规模与竞争实力的两个侧面，也是城市创新域和产业系统链范围的决定性因素。因此，以城市创新生态系统为核心节点、以科技产业和创新企业为组织节点的创新生态系统和网络群，将在协同创新中进一步连接城市的各个创新节点（政、产、学、研等），构成创新系统网络，并融入区域创新系统、国家创新系统的系统结构。这包括联合办公空间、研究机构、支持创新的政府政策，以及对在特定城市或区域内的初创企业开放的创业竞赛等。

产业创新生态系统：产业创新生态系统是指一个区域内或者跨区域的某个产业，在相关物质条件和文化环境下的各种创新群落之间及其与创新环境之间，通过知识传播、技术扩散、信息循环，形成的具有自适应与修复、学习与发展等功能的开放且复杂的大系统。产业创新生态系统的实质是"五链"的融合，"五链"是指产业链、创新链、金融链、服务链、价值链。其中，产业链是该系统的核心链条，该系统基本由本地初创公司、个体企业家、大型公司和风险投资家等参与者组成。

企业创新生态系统：企业创新生态系统以企业为核心研究对象，重点强调如何优化和加强资源整合能力，进而变革原业态、发展新业态。企业创新生态系统是最小单元的创新生态系统，是其他系统形成和发展的基石。企业创新生态系统的组成部分包括专门的创新实验室、引入新思路的外部顾问、进行创新合作的互补公司。

1.2 创新资源的配置

20 世纪 80 年代以来，学者们十分关注创新资源的配置问题：在宏观政策方面，主要围绕政策对创新资源配置的影响、作用、效果等开展研究；在区域效率方面，主要基于 CCR-BCC 模型、BPANN-IGA 方法、遗传算法等，开展区域创新资源配置效率和配置水平评价、配置能力测算，以及区域创新资源的差异和配置模式等方面的研究；在微观方面，主要以企业为主体，以其研发资源的优化配置为目标，从多个视角对创新主体行为的影响因素进行分析；在配置机制方面，李健（2013）、刘玲俐等（2009）从市场机制、运行机制、整合机制和协同机制等方面进行了探讨；在国际创新资源引进方面，张永伟（2017）对国际创新资源的引进模式和政策开展了研究。

1.2.1 创新资源的特征

创新资源是开展科技创新活动、促进经济和社会发展的物质基础，包含创新人才、投入的资金、物化资源、信息资源等基础要素，具有战略性、稀缺性、流动性、区域性和衰退性等特征。其中，战略性是赋予创新资源新内涵的主要特征，反映创新驱动经济和社会发展的特点；稀缺性和流动性是创新资源的固有特征；区域性是从空间分布的角度反映创新资源的特征；衰退性反映了创新资源发挥作用存在着有效时间。

1.2.2 创新资源配置的目标及原则

创新资源配置系统是一个有机系统，主客体之间要相互适应和匹配，形成更加高级有序的整体结构，使系统的整体功能发生质的飞跃。创新资源配置需要遵循三个原则：需求导向性、引领导向性、链条导向性。需求导向性是指在不同发展时期对技术创新的需求存在明显差异，要立足于经济发展自身的特点和现阶段的发展需求配置创新资源；引领导向性是指基于创新资源的稀缺性，配置创新资源一定不是"补短板"，而是"扬长项"，要想真正发挥创新资源对高技术产业的推动作用，就要围绕具有比较优势的主导产业进行创新资源配置，有针对性地布局实验室、产业技术研究院、院士工作站、科创产业引导基金、技术供应商和服务商等创新资源；链条导向性是指在一个产业链条中，不同的产业环节对创新资

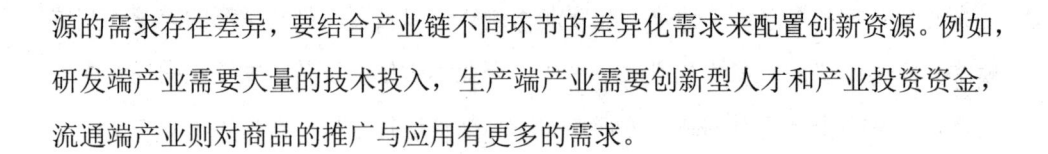

源的需求存在差异，要结合产业链不同环节的差异化需求来配置创新资源。例如，研发端产业需要大量的技术投入，生产端产业需要创新型人才和产业投资资金，流通端产业则对商品的推广与应用有更多的需求。

1.2.3 创新资源的配置模式

创新资源的配置模式主要包括学研资源开放模式、行业资源集聚模式、孵化基地资源协同模式和中介机构资源整合模式。学研资源开放模式是指推进高等院校和科研机构的创新资源对社会有序开放，促进高等院校、科研机构的创新资源与相关产业和企业的高度融合与优势互补；行业资源集聚模式是指新兴产业的集聚或高技术产业的集聚，形成结构完整、系统健全、环境支持、充满活力的体系，产生协同效应和集聚效应；孵化基地资源协同模式的核心作用在于整合各类优势资源，为企业提供各种专业支持和公共服务，加速创新成果的产生和转化，促进企业不断成长壮大；中介机构资源整合模式是指有效整合促进科技与市场经济相衔接的中介服务机构资源，充分发挥各成员的优势，实现优势互补、资源共享，进一步开拓服务领域，拓展服务市场，建立和完善服务规范。

1.3 科技创新"双循环"生态系统

1.3.1 "双循环"新发展格局

国内学者主要从"双循环"新发展格局与科技、产业发展的相互促进作用，构建"双循环"新发展格局的影响因素和路径选择等方面开展研究。一是探讨"双循环"新发展格局与科技、产业发展的相互促进作用。徐海龙、陈志（2021）提出，科技创新作为引领发展的第一动力，在投资、消费、供给、需求、开放合作等诸多领域为应对经济"双循环"新发展格局提供强有力的支撑。曹小勇、李思儒（2021）提出我国应构建数字服务业的"双循环"新发展格局。二是研究"双循环"新发展格局的影响因素与实施路径。陈文玲（2020）认为构建"双循环"新发展格局的重中之重是要有顺畅的物流体系。李猛（2020）认为要以消费促进国内经济循环，重塑和完善内循环产业链，同时以"一带一路"倡议为契机开拓海外市场。王娟娟（2020）认为我国要加强与"一带一路"沿线国家在农业产业链、钢铁产业链、旅游产业链上的合作，发挥国内国际"双循环"的作用。

1.3.2 科技创新"双循环"

基于"双循环"新发展格局，学者们提出科技创新"双循环"的概念，并结合自主创新与开放创新、创新生态理论，探讨科技创新"双循环"的实施路径和作用机制。谢科范（2021）认为科技创新本身也要形成国内国际两个循环。雷小苗等（2022）从科技自立自强与开放创新的协同发展角度探讨科技创新的"双循环"新发展格局。杨中楷等（2021）认为科技创新"双循环"指的是在开放、共享的国际大环境中，既将关键核心技术掌握在自己手中，又融入全球科技创新的整体格局，提出基于技术科学的科技创新"双循环"实现路径。任声策（2020）基于科技创新生态系统的理论，重点探讨了科技创新"双循环"生态系统中主体角色、资源和要素的流动，以及主体角色的互动关系和机制的支撑等。陈劲等（2021）提出要从创新政策体系、区域创新体系、企业创新模式三重视角构建"双循环"新发展格局下的科技创新体系。

1.3.3 科技创新"双循环"生态系统的定义

基于上述学者的研究，应用创新生态理论，我们认为科技创新"双循环"生态系统是指创新主体和创新组织通过与创新环境相互作用，形成的相互依存、协同创新的网络关系，从而完成国内和国际人才、技术、资本、知识等创新要素的

"双循环"流动，实现价值创造。按照国内和国际的创新资源在创新生态系统中的流动和配置，我们将科技创新"双循环"生态系统分为国内循环系统和国际循环系统。

1.4 粤港澳大湾区的创新发展研究

近年来，研究粤港澳大湾区创新发展领域的学者不断增多，研究视角主要涵盖协同创新研究、创新生态研究和创新能力评价研究等。一是协同创新研究。林先扬等（2019）、汪云兴等（2018）、李铁成等（2021）分别从对接全球创新资源、创新链与产业链融合、协同创新政策体系构建等视角探讨粤港澳大湾区的协同创新问题。二是创新生态研究。杨明和林正静（2021）以创新生态系统理论为基础，结合"四链"融合发展的理论，提出一种跨组织、共生式的协同创新发展新范式。刘璟（2021）指出，通过完善以"知识经济—参与主体—商业经济"为循环的生态重构机理，构建粤港澳大湾区的产业集群创新生态价值网。李应博和周斌彦（2020）指出，建设高质量的创新生态系统是粤港澳大湾区构建湾区治理范式的重要视角。三是创新能力评价研究。覃艳华和曹细玉（2019）、刘琦等（2021）专家学者，分别应用层次分析法、HAKEN 协同演化模型和 SOM 聚类算法等，对粤港澳大湾区的创新能力和创新效率进行分析与评价。

上述研究表明，在构建"双循环"新发展格局的背景下，学者们已经提出了科技创新"双循环"的概念，并开展了对其实现路径和作用机制的探讨，但在相关的理论阐述和区域实践研究方面还有待加强。关于科技创新系统的研究主要集中在创新主体之间的相互作用、区域创新系统的绩效和演化及其与产业经济的融合发展等方面。关于粤港澳大湾区创新发展的研究，主要从"投入—产出"、创新链、创新生态系统等视角探讨粤港澳大湾区的创新系统建设，缺乏多角度的理论研究。

本书从创新资源配置的角度研究创新生态系统构建和运行的理论基础，并以粤港澳大湾区为例，探讨如何通过打通科技创新"内循环"实现自主创新，以及通过加强科技创新"外循环"实现开放创新，融入全球创新网络，对进一步阐述"双循环"与科技创新的互促关系，支撑粤港澳大湾区创新发展具有重要意义。

第 2 章

科技创新"双循环"生态系统的构建理论分析

在以国内大循环为主体、国内国际双循环相互促进的新发展格局加速构建的背景下,科技创新本身也要形成国内国际双循环,本书基于此提出构建科技创新"双循环"生态系统。从创新资源流动和配置视角来看,科技创新"双循环"生态系统包括创新主体与创新组织、创新资源与创新环境、创新集群与产业集群。其中,创新资源为基础和前提,创新链为核心。

2.1 科技创新"双循环"生态系统模型

科技创新"双循环"生态系统的基础是创新生态系统。创新生态系统是创新主体、创新组织、创新资源、创新环境、创新集群和产业集群相互关联的大环境，其形成了资源共享和互补、相互依存、相互促进的良性生态循环。以创新资源流动为视角，我们可以将国际和国内的人才、技术、资本、知识等创新资源在创新系统中的流动分别看作科技创新的国际循环和国内循环，从而构建科技创新"双循环"生态系统模型，如图2-1所示。

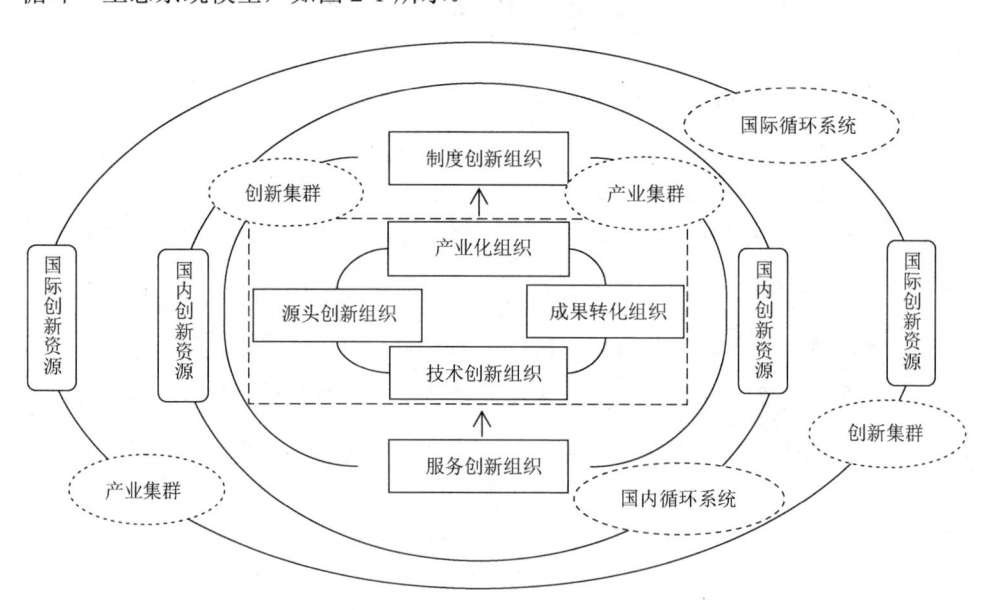

图 2-1 科技创新"双循环"生态系统模型

2.1.1 创新主体

创新主体是创新活动的承担者，具备资源集聚能力和创新发展能力，能够根据某一目标形成协作共生关系，主要包括企业、用户、高校、科研机构等核心主体，以及政府、中介机构、金融机构、孵化器与科技园等辅助主体。在不同制度安排下，创新主体在创新生态系统内的地位、作用也不同。创新的目的是将科学技术成果转化为现实生产力，以推动经济发展，最终满足人们对美好生活的需求。

1. 核心主体

企业——价值创新主体。企业是创新生态系统中最主要的创新者之一，是指以实现利润为目标，通过对各类生产要素的配置向市场提供创新技术、产品或服务的社会经济组织。依据在创新生态系统中的作用，企业可分为核心企业与非核心企业。企业的主要职能包括：在市场上销售创新产品或服务；生产创新产品或服务；筹集资金、引进人才；研发创新技术。企业生产和销售创新产品或服务，使创新价值得以实现，促进了技术创新在创新生态系统内的转移扩散。企业通过与高校建立合作关系，挖掘创新所需要的信息和人才，从而实现信息、人才的流动；通过与金融、中介等服务机构建立合作，实现资源的流动。

用户——创新应用主体。用户是指购买或使用创新产品或服务的社会成员。用户在创新生态系统中的职能包括：购买和使用创新产品、服务；提供反馈和新的需求。用户对创新产品的需求，是创新生态系统内创新主体创新的原动力；用户通过市场对创新产品提供信息反馈，为创新生态系统内创新主体进行创新改进提供依据；政府通过市场得到用户的信息反馈，对整个创新生态系统的创新方向进行调整和引导。

高校与科研机构——人才培养主体与源头创新主体。高校与科研机构为创新生态系统提供创新来源、新技术和高级人才。高校与科研机构是创新生态系统的灵魂，两者在定位与作用上既有相似之处，也有不同之处。高校更为强调知识的传播及人才培养，科研机构更强调具体的科学研究活动。高校与科研机构应当发挥各自的比较优势，扮演好人才培养主体和源头创新主体的角色。

2. 辅助主体

政府——制度创新主体。政府在创新生态系统中的角色是制度创新者，为各创新主体发挥作用提供保障和支撑。政府可以操控的创新变量如下。一是设立创新基地和提供配套基础设施，为创新生态系统的发展提供物质支撑，优化创新软环境，为企业主体提供良好的公共服务平台，引导创新生态系统内各个主体相互联系，增强系统的稳定性。二是提供政策支持。例如，制定有利于创新的产业政策、税收优惠政策和科技政策等；通过减免税、补贴等财政措施激发高校和科研机构从事创新活动的积极性，不断优化创新生态系统。三是通过财税激励等政策来刺激用户对创新产品的消费需求，直接或间接地带动关联产业的产出增长，进而促进创新生态系统内产业的聚集。

中介机构——服务创新主体。中介机构是指向委托人提供专业知识和技术服务等"居中"服务的机构，是创新生态系统的润滑剂。中介机构是实现创新资源互动的重要媒介，也是有效联系政府和企业的行动者，可以解除政策执行过程中的障碍。各国都把中介机构的建设视作政府推动知识和技术扩散的重要途径。中介机构主要包括公共服务机构（如技术交易机构、人才中介、会计师事务所、律师事务所、咨询机构等）和集群代理机构（如行业协会、企业家协会和技术交流协会等创新服务组织）。中介机构对创新生态系统的作用包括：一是实现创新生态系统中主体间的沟通并让主体更好地融入环境；二是推进创新生态系统中科技成果的转移与转化，提升系统的创新效率；三是加强创新资源的集聚。

金融机构——创新投入主体。金融机构主要分为银行业金融机构、非银行金融机构。其中，银行业金融机构包括商业银行、国家开发银行和政策性银行、城市信用合作社、小型农村金融机构、外资银行、财务公司、信托公司等。非银行金融机构包括小额贷款公司、风险投资公司等。金融机构通过提供资金支持促进创新主体发展，其在创新生态系统中的作用包括：一是通过股权或者债权的方式为创新主体提供所需的研发资金、创业资金；二是分散创新主体的风险；三是通过进行专业化的工作，为市场提供创新决策所需的辅助信息。

孵化器与科技园——创新孵化主体。孵化器与科技园是促进创新的重要硬件，有助于促进新创企业的成长与高新技术的发展，在创新生态系统中发挥着重要作用。一是帮助新创企业渡过最脆弱的初创期，进而成为能够独立运作并健康成长的企业，如孵化高新技术企业；二是优化局部环境，扶持高新技术产业；三是将分散在不同领域的企业聚集在一起，形成企业网络集群，初步形成科研创新体系；四是帮助企业与外部经济活动之间建立网络关系，增强创新生态系统内的稳定性，促进创新生态系统的发展。

3. 创新主体之间的相互作用

创新主体之间并非毫无联系，而是相互作用、相互促进的关系，共同支撑创新生态系统有效运作。创新生态系统中创新主体之间的相互作用如图2-2所示。

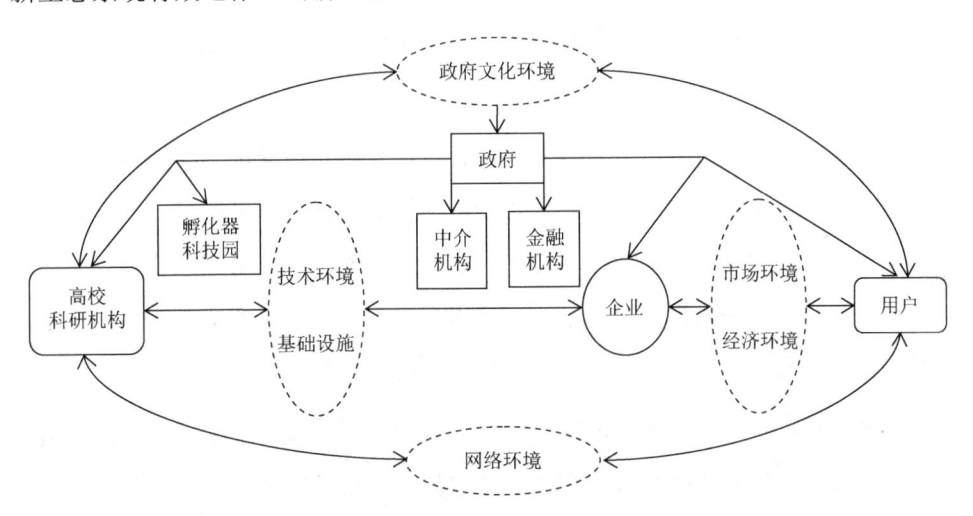

图2-2 创新生态系统中创新主体之间的相互作用

在创新生态系统中，高校与科研机构通过创新生态系统的技术环境和基础设施作用于企业，为企业的运行和发展提供大量的科学技术，输送大量的人才。企业为高校及科研机构提供将技术转化为产品的平台，完成技术的实体化，并为它们提供一定程度的经费补助。

企业在创新生态系统中处于不断的自我更新状态，将技术转化为产品或服务提供给用户。用户将自己的使用信息反馈给企业，企业再根据反馈信息所反映出的市场需求，不断进行技术升级与产品的更新换代。用户对高校与科研机构的创新起到鼓励和激发的作用。孵化器与科技园优化了企业的创新环境，金融机构能够为企业的发展壮大提供资金上的支持，中介机构能够为企业提供各种信息和服务，完善企业的创新功能。

2.1.2 创新组织

创新组织是指通过某种关系构成的创新主体的集合。创新组织具有同质性，并且内部分工明确，通过相互影响、共同作用完成创新活动。

按照创新功能划分，创新组织主要包含创新链上的源头创新组织、技术创新组织、成果转化组织、产业创新组织、制度创新组织，以及为创新链提供支撑服务的服务创新组织。

源头创新组织是指从事重大科学发现、技术发明、原理性主导技术推进等原始性创新活动的创新主体的集合。源头创新的核心是开展基础研究，基础研究以科学家自由探索的科研活动为基本形式，在学科交叉融合、国家战略需求、技术创新发展需要等新的因素的驱动下，演化出有组织的基础研究新模式。源头创新组织主要包括高校、科研院所、国家实验室、科学家团队等。

技术创新组织是指开展以创造新技术为目的的创新或以科学技术知识及其创造的资源为基础的创新的机构和团体。技术创新包括材料创新、产品创新、工艺创新、手段创新四个方面。典型的技术创新组织有科技企业、工程技术中心、重点实验室、新型研发机构、技术创新人才团队等。

成果转化组织是指对科学研究与技术开发所产生的具有实用价值的科技成果进行后续试验、开发、应用、推广，直至推出新产品、新工艺、新材料，发展新产业等的机构和团体。成果转化组织包括高校、科研院所、大学科技园、生产力促进中心、技术转移机构、企业、技术经纪人团队等。

第2章 科技创新"双循环"生态系统的构建理论分析

产业创新组织以企业为主。某种产业领域的企业在市场经济条件下，以行业需求为导向，以实现效益为目标，依靠专业服务和质量管理，形成系列化和品牌化的经营方式和组织形式。

制度创新组织以政府为主。政府通过采取制定产业创新政策、布局创新载体、组织科技项目等方式，支持创新体系发展，尤其是在基础研究投入、关键技术攻关、成果产业化后期采购等方面。政府的支持和引导是产业链与创新链融合发展的重要保障。

服务创新组织主要是指为创新链各个环节提供专业化、社会化服务的所有企业和机构的总和，包括从事研究开发、技术转移、检验检测认证、创业孵化、科技金融、科技咨询等的服务组织。

按照载体形式划分，创新组织包含协同创新平台、共享服务平台、产业技术创新联盟、创新联合体、产业园区等。

协同创新平台是指以企业、政府、高校、科研机构和中介机构等实现重大科技创新为目的，为各创新主体打破相互之间的壁垒，充分释放"人才、资本、信息、技术"等创新要素的活力，而实现深度合作提供的共享开放式平台。该平台作为开展创新活动的支撑组织，推动创新从理论阶段转入实践阶段，提供了创新的基础设施和必要因素，是区域创新系统中的重要力量。

共享服务平台是指借助"互联网+"等技术工具，优化人才、劳动、信息、知识、技术、管理、资本等资源的配置方式，为社会大众广泛、平等地参与创新创业提供更多元途径和更广阔空间的共建、共商、共享载体。其内核主要包括3个方面。首先，关键是资源共享。共享服务平台通过健全公共资源共享体系，完善公共资源共享机制，整合各种社会资源，产生聚合效应，增强"创客"的互动性和共建的实时性，提高公共资源的共享程度。其次，前提是信息对称。共享服务平台利用"互联网+"、云计算、大数据等信息技术，兼顾效率和安全，通过创新信息共享模式、健全信息平台，解决信息资源在制度建设、行政管理、资源投入和安全保障等方面的问题。最后，载体是无缝对接服务。共享服务平台依托各种服务组织提供创新创业服务，通过建立集政府购买服务、政府激励政策于一体的运行机制，满足公共需求，实现共享服务。

产业技术创新联盟是指由企业、高校、科研机构或其他组织机构，以企业的发展需求和各方的共同利益为基础，以提升产业技术创新能力为目标，以具有法律约束力的契约为保障，形成的联合开发、优势互补、利益共享、风险共担的技术创新合作组织。产业技术创新联盟的主要任务是组织企业、高校和科研机构等围绕产业技术创新的关键问题，开展技术合作，突破产业发展的核心技术，形成产业技术标准；建立公共技术平台，实现创新资源的有效分工与合理衔接，实行知识产权共享；实施技术转移，加速科技成果的商业化运用，提升产业的整体竞争力；联合培养人才，加强人才的交流互动，支撑国家核心竞争力的有效提升。推动产业技术创新联盟的构建是整合产业技术创新资源、引导创新要素向企业集聚的迫切要求，是促进产业技术集成创新、提高产业技术创新能力、提升产业核心竞争力的有效途径，是加强产、学、研、用结合，促进技术创新体系建设的重要举措。

创新联合体是指在政府鼓励下，企业与高校、科研院所联合建立的产业技术研究院、共建工程中心、工程实验室和技术中心等。创新联合体能够为企业进行跨界合作、创新生产模式提供新知识，有利于提升企业的技术创新能力。实践表明，关键核心技术都是复杂的综合性技术，其研发突破并不是单一创新主体能够承担与完成的，组建创新联合体是提升企业的技术创新能力、实现关键核心技术突破的有效组织形式。在关键核心技术的研发攻关上，创新联合体要有能力建设由大企业引领支撑、中小微企业积极参与，学、研、用、金各方积极支持的融通创新平台，从而在集中力量突破关键共性技术、前沿引领技术、现代工程技术的过程中，系统地提升企业的技术创新能力，强化企业技术创新的主体地位。

产业园区主要是指以促进某一产业发展为目标而创立的特殊区位环境，是区域经济发展、产业调整升级的重要空间聚集形式，担负着聚集创新资源、培育新

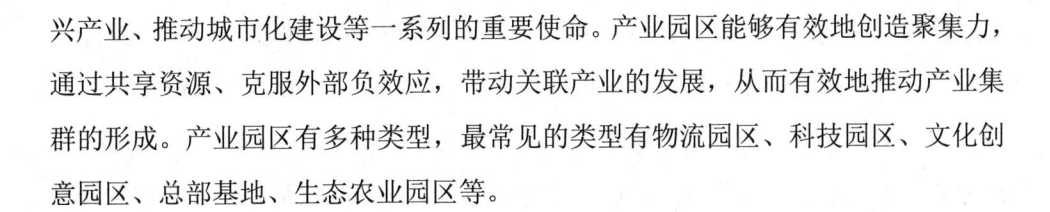

兴产业、推动城市化建设等一系列的重要使命。产业园区能够有效地创造聚集力，通过共享资源、克服外部负效应，带动关联产业的发展，从而有效地推动产业集群的形成。产业园区有多种类型，最常见的类型有物流园区、科技园区、文化创意园区、总部基地、生态农业园区等。

2.1.3 创新资源

创新资源是指在一定社会条件的作用下，经过社会劳动实践，逐步形成的凝结过去人类劳动的技术性的人造物。创新资源包括开展创新活动所需要投入的人才、技术、资本、知识、信息等创新要素。创新资源通过流动、集聚，产生新技术、新知识和新产品，创造新价值。创新资源可以跨越国家边界流动，聚集和优化配置全球创新资源的能力可以体现出一个区域创新系统的国际化水平。

创新资源具有高杠杆效应。无论是创新人才，还是技术、资本，都是耗费较长时间和较大投资后逐渐积累的，但是一旦形成，就可以反复发挥作用且很少需要追加投资，能够创造超过所投入的直接成本数倍的财富。

创新资源具有时效性。创新资源作为一种创新过程的投入，和其他的生产投资品一样，也具有时间价值，这种价值会随着创新资源在经济系统中的快速扩散而被"无形地磨损"。随着创新资源逐渐被采用，经济系统的生产力水平会得到显著的提高，但受到价值规律的支配，创新资源的价值也趋于下降。

创新资源具有系统性。创新是一个从创新思想产生到成功商业化的系统过程，但在实现创新的过程中还涉及广泛社会系统的参与，因此创新是集体协作的过程，需要公共部门和私人组织的众多参与者发挥各自的重要作用。

创新资源具有空间集聚性。创新活动在地理空间上的分布既不是均匀的，也不是随机的，而是具有显著的空间模式的。创新资源是创新活动的载体，创新活动的这种空间模式也塑造了创新资源独特的地理分布模式。

创新资源具有外溢性。科技资源包含大量的知识，而知识具有公共物品特性和正外部性。创造创新资源的个人成本与社会成本之间常常是不对等的，社会成本常常大于个人成本。创新资源是人类智力劳动的成果，有物化的实体，但绝大部分是无形的信息。这些信息的创造成本是比较高昂的，但是一旦被创造出来，就具有了公共物品的性质。也就是说，知识的生产者一般无法完全占有知识所产生的全部收益，而且知识能够以很低的边际成本被复制和传播。

2.1.4 创新环境

创新作为一种社会活动，总是在一定的社会环境中进行的，并受到社会环境的制约。创新环境主要由自然、经济、政策、制度、文化和技术等因素构成，具体包括经济环境、政治环境、市场环境、人文环境、科技环境、金融环境和基础设施环境等。

学界对创新环境的具体内容并没有给出统一认识，不同研究视角得出不同的结论。有学者从制度视角出发，认为创新环境包括经济制度、文化制度、组织制度等一系列制度；有学者认为创新环境主要包括体制、基础设施、社会文化心理和保障条件等；也有学者认为创新环境包括硬环境和软环境两类，硬环境包括交通、通信和信息网络等，软环境包括制度、政策法规、学习氛围，以及鼓励创新、尝试的社会文化环境。虽然这些关于创新环境的研究的关注点不同，但都提及了两类核心内容：一类是制度政策环境，主要包括区域创新战略、与创新相关的制度框架（如知识产权制度、科技评价制度、政府补贴政策等）、政府参与及调控的方式、技术市场等，这些要素主要通过相关法律法规和科技计划等形式作用于创新组织，是调控创新活动的主要手段和工具；还有一类是社会文化环境，包括价值观、生活方式、文化传统、风俗习惯等，如上海创新生态系统的良性发展得益于海派文化中的开放、灵活、包容等特质。

综观世界范围内的创新热潮可以发现，一些国家依靠技术创新实现崛起，如日本、韩国等，但也有些国家的创新发展不顺，其中一部分原因在于社会环境没有为创新提供有效条件，比如拉美国家历史上就缺少重视科学技术创新发展的社会氛围，在快速工业化时期没有同时开展创新系统建设。由此可见，创新系统的构建、运行、发展同样离不开特定的环境，即环境成为创新系统的一个要素。

2.1.5 创新集群

创新集群是指由创新主体、创新组织整合创新资源联结而成的创新网络。创新集群同样可以被视为一个生态系统，它需要流动的知识、政策和资本作为系统中的物质和能量，通过协调创业者、天使投资机构、金融机构和其他智力支撑部门来实现创新成果的产出，通过资产交易平台、技术转移中心等中介机构，与需求方进行成果交换和消化，再通过制造市场需求聚集社会资本，进而影响市场环境并促进新产品的研发和生产，以及新技术的开发和应用等。不同属性、不同规模的创新主体通过自由组合和搭配，会在创新生态系统中形成不同的群落和小的生态系统。

2.1.6 产业集群

产业集群是指在一定地域空间内由产业化组织串联组成，并形成有机集聚的产业网络。产业集群是创新生态系统重要的组成部分，产业集群将单个企业的创新行为聚集起来，形成更多维度和更大范围的集体创新行为，具体体现在以下几个方面。一是产业集群是创新生态系统的重要载体。在一定区域范围内，以产业集群为基础，企业等创新主体按照一定的制度安排组成创新网络与机构，进而形成一定层级的创新生态系统。二是产业集群的发展得益于创新生态系统的支撑。创新的实质是系统内创新主体相互作用的过程，区域整体创新能力的提高离不开各种创新主体之间建立长期的合作关系，而产业集群正是大量专业化产业（或企业）及相关支撑组织在特定空间内柔性集聚，并结成的密集合作网络。与此同时，创新生态系统的有效运行会加速形成空间集聚，从而形成更高质量的产业集群。

2.1.7 "双循环"生态系统

从创新资源流动和优化配置的角度来看，创新生态系统有效运行的关键在于，实现科技创新资源的国内循环畅通和国际流动聚集，即实现科技创新"双循环"。

首先，科技创新资源是创新生态系统构建和运作的基础和前提。人才、技术、资金等创新资源通过有效的流动和优化配置，与各创新主体和要素产生互动，使得智力劳动实现创造和发展，从而转化成创新成果，整个创新流程得以科学运转。随着经济的全球化，特别是在跨国公司主导的全球生产关系网络的带动下，人才、资金、技术等创新资源的流动性大大增强。一方面，区域之间创新环境与创新实力的不均衡，为创新资源的空间转移提供了前提条件；另一方面，在市场的带动下，创新资源通过优化配置能够实现增值，优化配置是创新资源流动的根本动力。同时，政府的政策引导为创新资源的流动和精准对接提供重要保障。聚合创新资源的本质是实现空间与资源的有效匹配，也是实现创新资源网络化与链接化的过程。企业、高校、科研院所、政府、金融机构、科技园等创新主体是创新资源的承接载体，通过推动创新资源的有序流动及其在空间上的高度集聚，有助于区域打造科技创新高地。

其次，按照创新资源的来源及流动渠道，创新生态系统可划分为国内和国际两个循环。在国内循环维度，创新资源以产、学、研合作的方式，在企业、高校、科研院所，以及金融机构等科技服务机构中流动和有机结合，转化为新技术和新产品。在国际循环维度，基于各国创新资源的比较优势和技术上的先进程度，在政府的引导与市场化的推动下，尤其是随着跨国公司的全球化布局，技术、人才、资金与产品等创新资源依托各种渠道和信息网络，实现点对点、多维度的联系，形成开放式的创新网络体系（见图2-3）。引进国际创新资源的方式主要包括在海外建立孵化器与研发中心、引进国际创新平台、建立新兴研究机构、利用新兴平台直接推动国外有专长的中小公司与国内产业链对接等。

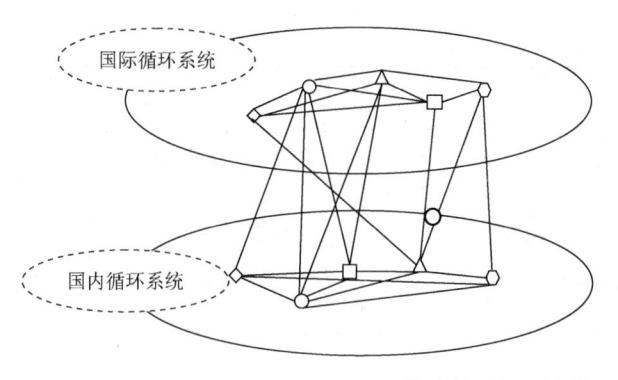

第2章 科技创新"双循环"生态系统的构建理论分析

图 2-3 开放式的创新网络体系

最后,创新资源沿着创新链演化和增值。创新链是遵循价值规律生成的、由创新活动连接起来的价值链,是创新生态系统有效运行的核心。创新链涵盖了从源头创新、技术创新、成果转化到产业化的全过程,反映了知识、技术等创新资源在整个创新过程中的流动、转化和价值再造,其核心是不同环节的创新主体在知识、技术商业化过程中的合作与衔接,实质是各创新主体之间的研发协同。其中,源头创新环节主要开展基础研究,创造新知识。技术创新环节主要完成技术开发和科技创新等活动,最终形成新技术、专利等。成果转化环节是指将具有实用价值的科技成果通过二次开发转化为现实产品。产业化环节主要进行产品的商业化和产业化应用,是创新链与产业链对接的环节,主要基于企业价值增值、分工协作、产业发展的需要,最终依据企业之间特定的逻辑联系和时空布局形成上下关联、动态联结的链式组织。此外,围绕创新活动的开展还形成了服务链、资金链、政策链等(见表2-1),这些链条衍生并服务于创新链,在创新环境和机制体制的作用下,形成国内外创新资源循环畅通、产业与创新协同发展的高度合作共同体。

表 2-1 创新链的衍生链条

衍生链条	内 涵
服务链	服务链是以信息服务、知识产权服务、技术交易服务、检验检测服务、市场开发服务等为基础,以满足科技创新需求,促进科技成果的研发、转化和产业化为目标,把与科技服务相关的各个创新主体,按照创新的进程有机组织起来,形成的链状服务组织。其中,合作互补是服务链建设的实质,全方位系统化服务是服务链建设的导向,行业及跨行业服务联盟或协会组织是服务链的衔接枢纽

续表

衍生链条	内　　涵
资金链	资金链是支持科技成果从创意到产品再到商业化经营整个过程的资金供给与布局链条，其实质是满足创新主体在不同创新环节的资金需求，目的是加快科技成果的研发、转化和产业化进程
政策链	政策链是指围绕产业集群、创新主体和资金聚集机构而制定的一系列促进地区乃至国家创新及经济发展的、具有持续性的政策的集合。政策链侧重研究政策间的前后逻辑依赖和相互影响，研究单个政策和系列政策的效率和效果

2.2　构建机理分析

2.2.1　科技创新国内循环生态系统的构建机理

从区域创新系统内外动力的角度来看，区域创新是一个复杂的过程。创新行为的产生是外部动力和内部动力共同作用的结果：外部动力来源于治理层面，包括与区域创新相关的文化、制度、政策、法律等；内部动力来源于产业集群与创新集群融合，以及产业链与创新链对接过程中产生的知识创造、知识共享、知识流动、知识转化。产业链与创新链都具有空间属性，其在地域上的延伸及空间布局优化是整合区域创新资源、优化区域创新系统及促进区域协调发展的重要途径。产业链在一定地域空间内的有机集聚形成产业集群，产业链是产业集群的基础单元。一个产业集群汇聚了多条产业链，而同一条产业链也可能延伸至不同的产业集群中。创新链是由创新活动关联起来的功能链，创新链在一定空间内则形成创新集群。因此，产业链形成产业集群，创新链形成创新集群，这两种集群的互动为区域创新系统提供支撑，同时区域创新系统也为产业集群和创新集群提供创新环境。

科技创新国内循环生态系统的构建基于国内的人才、资本、知识、信息等创新资源在源头创新、技术创新、成果转化、产业化各个环节中的流动和有机结合，从而推出新技术和新产品，是自主创新和实现科技自立自强的基础。在科技创新国内循环生态系统中，产业集群与创新集群在区域空间内的深度融合进一步表现

第2章 科技创新"双循环"生态系统的构建理论分析

为产业链与创新链的精准对接，通过将创新供给与创新需求精准匹配，重点从解决创新碎片化、"技术孤岛"角度，推动创新链与产业链在耦合共生机制的作用下实现深度融合，注重产业链上下游技术的关联性和融合性，从重点推动单项技术突破转变为促进多项技术集成创新，并依托产业链来布局技术创新项目。将技术创新活动进行统筹和串联，使创新成果能够相互衔接、相互集成，实现关键核心技术自主可控，才能解决科技和经济"两张皮"问题，从而有效激发科技成果产业化、产业结构优化升级等演进动力，驱动创新生态系统完成运作和升级。科技创新国内循环生态系统构建的基础如图2-4所示。

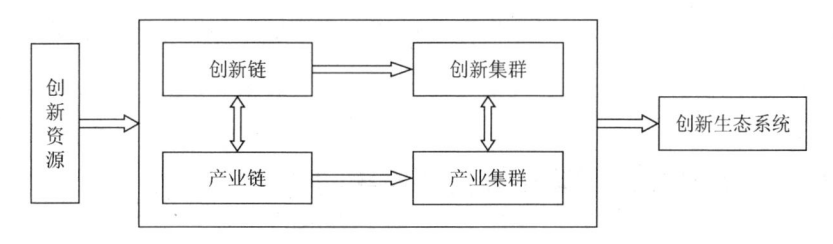

图2-4 科技创新国内循环生态系统构建的基础

一是产业需求拉动创新链发展。一方面，以满足市场需求为目的，创新主体围绕产品的研发设计、原材料准备、零部件制造、产品制造、商业化等各个环节进行科技创新、组织创新和管理创新，通过产业链的串联把分散的创新资源有效整合，实现价值链增值。另一方面，产业在发展的过程中面临许多个性问题和共性问题，从而推动创新主体开展技术攻关，以及布局基础研究和应用研究，加强创新链的有效性和自主性，衍生出具有更高附加值的产业链。

二是创新驱动产业链发展。产业链是在产业分工的基础上产生的，以供需关系为纽带，在交易机制的作用下形成的上下游关联组织，目的是追求商业价值最大化。其核心任务是通过实现规模性、盈利性、结构性和转化性这四个目标，最终使人工物可以获得普遍性，从而形成制造物；产业链的主要载体是企业和产品，其核心是上下游企业形成配套闭环，实质是企业间的供需关系。创新主体通过开展创新活动，创造出技术发明等创新成果，并将创新成果转化为产品，实现技术与市场的功能链接，催生新兴产业，提升产业链竞争力。其中，研发机构建设的关联性和承接性十分重要，要形成从技术开发到产业化整个链条的研发机构无缝化布局，解决弱链、断链问题，并针对技术开发的关键环节进行强化。这样通过创新链的集成和支撑，产业链的各个环节才得以系统运作，保障了产业链的整体性和自主可控。

产业链与创新链的对接程度制约着区域创新系统的创新效率。在经济发展水平不同的区域之间，创新链与产业链的互促作用也表现出不同的模式。在经济发达地区，科研实力较为雄厚，新知识、新技术、新产品的产生形成了新的创新链，而新的创新链进一步催生出新的产业链。而在一些经济欠发达地区，可能表现为在承接发达地区产业转移的过程中产生了创新，产业发展带动技术创新，两者最终实现相互促进。

2.2.2 科技创新国际循环生态系统的构建机理

科技创新国际循环生态系统的构建，主要是基于国家间创新资源的比较优势和技术上的先进程度，在政府的引导与市场化的推动下，以"走出去"和"引进来"两种方式，使技术、人才、资金与产品等创新资源依托各种渠道和信息网络，实现点对点、多维度的联系，形成开放式的创新网络体系。从"走出去"维度来看，科技创新国际循环生态系统的构建主要依托跨国公司、研发机构等创新主体，在全球范围内采取并购与开设分支机构、联合知名大学和科研院所开展产学研合作等方式，加强与优势创新资源的融合，提高技术创新水平。从"引进来"维度来看，科技创新国际循环生态系统构建的关键是将国外具有比较优势的创新资源导入创新链的各个环节，提升创新链的整体效能。创新资源在创新链上的嵌入点决定着科技创新国际循环的范围及开放的程度。如图 2-5 所示，从源头创新环节导入国际创新资源，则可以沿着创新链形成完整的循环（A 循环）。从技术创新或成果转化环节导入国际创新资源，也就是引进国外先进的适用技术，只能形成技术应用及产业化的部分循环（B 循环、C 循环），将导致基础研究与产业化脱节，以及关键核心技术受制于人的局面。不同类别的创新的内涵及其对应的创新链如

表 2-2 所示。因此，科技创新国际循环生态系统的构建要以实现开放创新为目标，兼顾创新资源的"走出去"和"引进来"，主动融入全球创新网络，从源头创新开始加强国际创新资源的引进与合作，不能仅仅依靠技术引进，还要借助国外创新资源实现自主创新能力的提升。

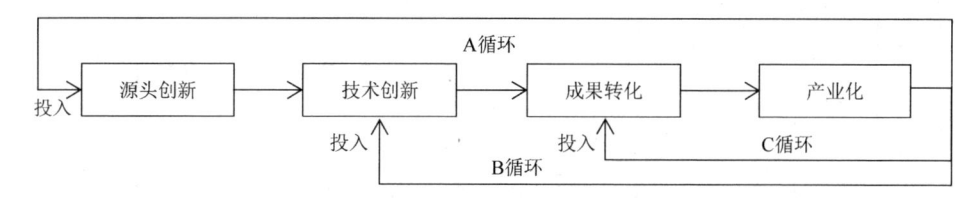

图 2-5 科技创新国际循环生态系统的资源流动机理

表 2-2 不同类别的创新的内涵及其对应的创新链

创新类别	内　涵	对应的创新链
原始创新	原始创新是指重大科学发现、技术发明、原理性主导技术推进等原始性的创新活动。原始创新的成果通常具备三大特征：一是首创性，研究成果前所未有；二是突破性，在原理、技术、方法等某个或多个方面实现重大变革；三是带动性，在对科技自身发展产生重大牵引作用的同时，也给经济结构和产业形态带来重大变革	A 循环
集成创新	集成创新是指围绕一些具有较强技术关联性和产业带动性的战略产品和重大项目，将各种相关技术有机地融合起来，实现一些关键技术的突破，甚至引起重要领域的重大突破	B 循环或 C 循环
引进吸收再创新	对引进的技术的结构、配方、原理、数据等进一步分析、研究，将引进的技术应用到同类产品或其他产品上，发展新产品、新技术，其技术水平与引进的技术基本相当或稍有提高。在引进技术的基础上，逐步做到有所提高和创新，即产品结构、工艺方法、材料配方等有较大的改变，产品性能有显著的提高，原理、机理有新的突破，并且具有世界先进技术水平	B 循环或 C 循环

2.2.3　创新生态系统运行的动力机理

以企业、高校、科研机构、中介机构和政府等为创新主体，以协同创新平台、共享服务平台、产业园区等平台为创新载体，在创新投入机制、技术创新市场导向机制、成果转化机制、人才引进培育机制、创新环境保障机制的作用下，创新资源在创新生态系统中实现优化配置，从而推动产业链与创新链的融合发展，促进区域和产业协同创新。创新生态系统运行的动力机理如图2-6所示。

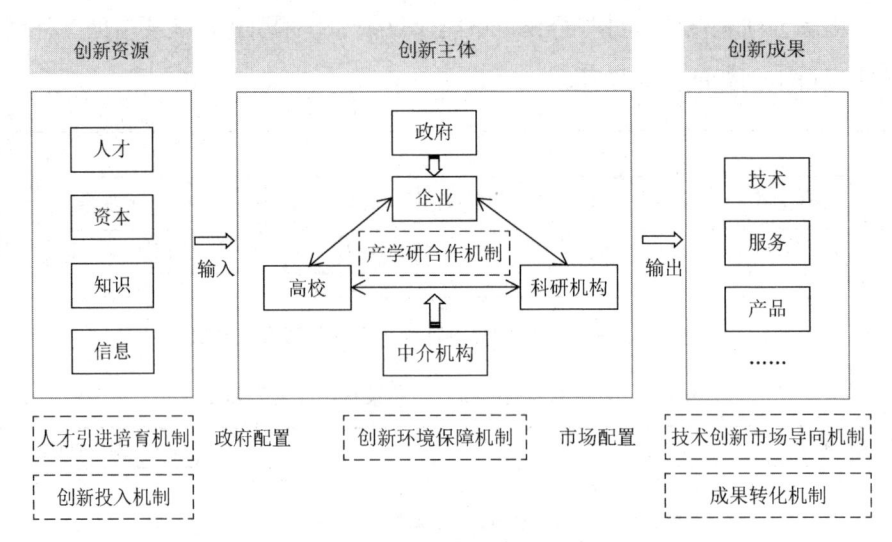

图2-6 创新生态系统运行的动力机理

1. 创新资源在创新主体之间的合理配置需要有效的动力保障机制

在区域创新生态系统中，各个创新主体在一定的创新环境下进行创新要素、信息、知识的转移共享，继而形成了网格化的创新系统，即创新生态网络。创新生态网络的形成受到区域位置、经济基础、教育、人力资本、市场、金融、文化、政策等多个因素的影响，是一个复杂的社会系统工程，而有效的科技创新机制是促进创新生态系统顺利运行的动力和保障。建立与创新生态系统相适应的创新投入机制、技术创新市场导向机制、成果转化机制、人才引进培育机制、创新环境保障机制等科技创新机制，能够优化创新生态系统的科技创新组织模式和管理方式，促进创新资源的合理流动与优化配置，形成高水平的科技创新供给，促使科技创新机制改革的强劲"动能"转化为提升科技创新能力和水平的"势能"。

创新投入机制是指创新资源间相互作用、相互联系、相互制约的形式，它体现了创新投入中的内在规律及其与外部事物的有机联系。创新投入机制包括政府财政投入机制与管理体制、企业创新投入机制，以及多层次市场化技术创新投入机制等方面的内容。创新投入机制的形成主体主要有政府、企业、金融机构、非营利机构等，其中，政府和企业是投入的核心主体。通过采用"政府引导+市场主导"的资源协同配置方式，可有效激活政府、企业、金融机构等各方的力量。构建功能互补、良性互动的协同投入新格局，是完善创新投入机制的关键。

技术创新市场导向机制是指由企业自身根据对用户需求、市场竞争、自身能力等的综合判断，自主决定开展何种技术创新活动。企业开展技术创新活动需要的人才、资金等资源，主要由企业从市场上获取，保障技术创新活动的顺利开展。技术创新市场导向机制的建设，就是以充分发挥市场机制的作用为前提，加快构建相应的政策和制度。这一方面促进企业形成强大的技术创新动力，紧密围绕市场竞争和用户需求积极、科学和高效地开展技术创新活动；另一方面使得各种技术创新要素按照市场经济规律积极地向企业集聚，支撑企业技术创新活动的有效开展，为实施创新驱动发展战略奠定基础。

成果转化机制是指在由主体系统、动力系统、中介系统与宏观调控系统共同组成的科技转化系统中，为了使科技成果实现从研究阶段向生产阶段的转化，各个子系统的运行规律、动因及系统各组成部分相互作用、相互制约、相互协调、相互联系，从而保证科技转化系统的良性循环、稳定发展，实现科技与经济的密切融合。产学研合作是科技成果转化的一种重要方式，企业作为技术、成果的需求方，与科研机构、高校等技术、成果的供给方开展合作，促进技术创新所需的各种生产要素的有效组合。产学研协同创新需要良好的机制作为支撑，产学研合作的关键在于相关合作方在责任、权利、利益、风险等方面达到平衡，推动创新供给与市场需求有效结合，使知识经济、技术创新、经济发展和高校发展成为一个连续的有机体。

人才引进培育机制是指利用政策偏向、平台建设等措施引入人才、培育人才，为经济创新发展提供人才基础和保障。创新驱动实质上是人才驱动，人才引进培育机制的重点在于吸引人才、培养人才、用好人才。在吸引人才方面，要充分利用地方高校极具吸引力的平台优势，利用学科专业发展聚才，在机制上实行更加灵活、有效的人才引进政策，如采取不改变人才的户籍、人事关系等方式，解决高端领域引人难等问题；在培养人才方面，要遵循人才成长规律，根据人才战略需求，制订科学的人才培育计划，切实增加现有人才资本存量；在用好人才方面，提升人才的存在感、归属感和获得感，激发人才的工作动机，避免具有潜力的青年人才因得不到发展空间而流失。

创新环境是创新主体所处的空间范围内的各种要素结合形成的关系总和，包括有利的政策体系、健全的体制机制、浓厚的文化氛围等。创新环境保障机制主要依靠政府政策支持和机制激励，优化配置各类创新资源，为企业、产业营造良好的创新环境，激励自主创新发展。

2. 依靠市场决定性作用与政府宏观调节实现创新资源的优化配置

创新要素配置潜能是创新要素遵从市场规律、实现合理高效流动的内在动力，特别是在创新主体争夺相对有限的创新资源时，其能够通过一定的创新要素投入创造最大的经济效益。释放创新要素配置潜能的核心，在于避免不合理的创新要素配置。依靠市场的决定性作用与政府宏观调节，能够避免不必要的资源浪费与低效生产。

一是强化政府的引导和保障作用。通过发挥政府的组织、服务功能，引导创新资源有序流动。比如，创新主体为抢占市场份额，围绕相对有限的创新要素进行存量博弈与同质化竞争，导致创新要素配置低效，甚至无效，抑制创新要素配置的内在活力。这时要充分发挥政府的政策引导和顶层设计职能，加强服务和引导，弥补市场失灵；要更加关注市场公平环境，完善创新投入机制、人才引进培育机制、创新环境保障机制，创新政府的资源配置方式，建立政府主导、社会参与的运行机制，加大对基础性研究的投入力度，营造公平竞争、活力迸发的创新环境和市场环境，让市场激发内生动力，实现创新资源的优化配置。

二是要发挥市场在创新资源配置中的决定性作用。运用市场化手段优化创新资源的配置，通过完善技术创新市场导向机制、产学研合作机制和成果转化机制，有效地将行政力量与市场力量对接起来，提高资源的利用效率，让创新活力在市场化、社会化机制下迸发。比如，健全技术创新市场导向机制是市场在科技创新方面起决定性作用的一个具体体现。一方面，技术创新是由多个创新主体参与形成的创新链，这是市场竞争的结果。创新链从研究市场上的技术需求开始，以满足用户需求为终点，主要包括技术需求发现、创新创意形成、成果转化与商业化等环节。由于目前创新组织对知识及技术的掌握呈现出"深度的加强"和"广度的减少"特征，一个单体企业在产品、技术、人才、市场网络等方面不可能都处于优势，为了满足竞争需要，就需要与相关企业、高校、科研机构、中介机构等建立固定的联系，进行联合创新，从而形成创新链。创新链是在发挥比较优势的基础上形成的，各单位承担着创新链上的一个或多个环节的任务，通过发挥各自的比较优势进行专业化分工协作。这比单一的创新组织更有效率，更能优化资源配置，更快地实现技术创新目标，这是市场导向的创新资源优化配置过程。另一方面，技术创新的主体是企业，企业的创新需求代表着市场导向。企业离市场最近，是紧密结合科技与经济的主要力量，对市场需求的反应灵敏，适应需求进行创新的愿望强烈。只有发挥企业作为技术创新的主体的作用，才能聚焦产业发展的关键环节，实现人才、资金等创新要素的加快聚集，推动创新成果较快地转化应用，有利于解决当前技术创新中存在的矛盾和问题。建立以需求为导向的成果转化机制，也需要市场发挥决定性作用，企业的创新需求是成果研发的动力，只有充分发挥企业的市场主体作用，才能带动高校、科研机构，以及金融机构、中介机构参与成果转化和技术创新，形成科技成果从研发到市场的有效通道，进而找到根治科技与经济"两张皮"顽疾的方法。

第 3 章

粤港澳大湾区创新生态系统的 SWOT 分析

> SWOT 分析法作为一种适用范围广、可操作性强的战略分析工具，应用范围逐渐从市场战略层面延伸到产业战略层面，并逐步与其他学科交叉融合，使得分析的客观性得到进一步提升。在具体应用中，SWOT 分析法主要从外部和内部两个角度对主体进行战略分析。其中，外部分析包括主体在外部环境中所面临的机遇与挑战，内部分析包括主体自身的优势及劣势。本章基于以上四个方面对粤港澳大湾区的创新生态系统建设展开分析。

3.1 发展机遇

3.1.1 肩负探索更高开放与合作水平的新使命

在世界经济格局深刻变化的背景下，党中央和国务院赋予粤港澳大湾区探索更高开放与合作水平的全新使命，为粤港澳大湾区的开放合作带来新机遇。中共中央、国务院先后印发《横琴粤澳深度合作区建设总体方案》和《全面深化前海深港现代服务业合作区改革开放方案》，分别要求横琴和前海"率先在改革开放重要领域和关键环节大胆创新，推进规则衔接、机制对接，打造具有中国特色、彰显'两制'优势的区域开发示范""打造粤港澳大湾区全面深化改革创新试验平台，建设高水平对外开放门户枢纽，不断构建国际合作和竞争新优势"。

这些新要求、新措施将推动粤港澳大湾区进一步扩大高水平制度型开放，率先服务和引领构建新发展格局。一方面，通过充分发挥粤港澳三地的开放优势，推进大湾区建设，有利于构筑"丝绸之路经济带"和"21世纪海上丝绸之路"对接融汇的重要支撑区，更好地助推"一带一路"建设，为全国构建高水平开放型经济新体制积累经验。另一方面，随着科学技术的进步，创新链不断纵向延展和横向细化，新一轮技术创新主要体现为一个分工协作的过程需要在不同创新主体、不同区域、不同产业间整体推进，即进入"大科学"的新阶段。随着粤港澳大湾区开放水平的不断提升，科技创新要素的国内循环畅通和国际流动聚集将加快实现，支撑构建"双循环"新发展格局。

3.1.2 粤港澳三地协同发展促进创新生态优化

粤港澳三地文化同源、人缘相亲、民俗相近、优势互补。推进粤港澳大湾区协同发展，将有利于充分发挥港澳的独特优势和广东改革开放的先行先试优势，加快建立互利共赢的区域合作关系,更好地集聚高端创新资源。

首先,粤港澳三地协同将逐步消弭城市边界,促进区域创新融合发展。粤港澳大湾区的快速城市化与工业化进程,会推动城镇空间快速增加,加之集聚的产业与人口等的多重作用,使得城市边界更加模糊,同城化发展趋势更加明显。粤港澳大湾区在空间结构上引导着地区的发展格局,逐步形成一个多层次、多中心、多协作的开放型、网络化的空间结构,其发展也正从区域中心节点功能演进为真正意义上的整合功能,以外延扩大为主,形成网络化开放空间体系。未来粤港澳大湾区通过网络化发展,强化创新要素的聚集与扩散,将会破解大湾区内部地区城市化、科技创新发展不平衡的难题,由此释放出更多新的空间与机会。

其次,粤港澳三地协同发展将推动各区域的优势互补。比如,珠三角地区市场化程度高,产业链条完整,具有科技成果转移转化的显著优势,但国际顶尖高校资源不足,基础研究、原始创新相对薄弱。香港不少高校在基础研究领域具有一定的优势,但由于空间狭小,产业结构以服务业为主,产学研结合、科技成果转移转化的依托不够。也就是说,粤港澳大湾区在科技创新方面既有互补需求,又有较好的合作基础。粤港澳三地的协同发展,为促进粤港澳大湾区创新生态系统的建设带来机遇。

3.1.3 打造具有全球影响力的国际科技创新中心

创新是粤港澳大湾区经济高质量发展的基础条件和魅力所在,科技创新力量是粤港澳大湾区经济增长的内生动力。根据《中华人民共和国国民经济和社会发展第十四个五年规划和2035年远景目标纲要》的要求,粤港澳大湾区肩负着建设世界第一科技走廊的光荣使命,旨在瞄准世界科技和产业发展前沿,加强创新平台建设,大力发展新技术、新产业、新业态、新模式,加快形成以创新为主要动力和支撑的经济体系,从而创造超越美国和日本湾区发展的综合优势。

同时，粤港澳大湾区还被纳入建设具有全球影响力的国家科学中心和国际科技创新中心的行列。2019年2月，中共中央、国务院颁布实施《粤港澳大湾区发展规划纲要》，提出将粤港澳大湾区"建设成国际科技创新中心"的总体要求；2020年7月，国家发改委、科技部批复同意东莞松山湖科学城与深圳光明科学城共同建设粤港澳大湾区综合性国家科学中心先行启动区；2021年9月，以《横琴粤澳深度合作区建设总体方案》和《全面深化前海深港现代服务业合作区改革开放方案》为代表的政策先后出台，标志着我国在"一国两制"重大政策实践方面的持续推进。在粤港澳大湾区高定位的赋能下，国家科学中心和国际科技创新中心的建设，将加快推动将粤港澳大湾区建设成具有国际影响力的创新高地和人才高地集聚区，为大湾区创新生态系统的建设提供发展机遇。

3.1.4 新一轮科技革命及产业变革持续发展

纵观全球科技创新的发展趋势，全球性科学技术迅速发展，许多国家掀起了科技革命的浪潮，各大湾区都在进行更高层级的角逐，抢占高端产业发展的制高点。尤其在21世纪以来，随着生产力发展达到前所未有的高度，全球性科技创新的步伐不断加快，新科技的大量研发和应用，如信息技术、智能技术、生物技术和能源技术等，对社会发展进步起到了极大的推动作用，使创新活动不断彰显时代特征，技术成果正在迅速成为产业发展的核心依托。

随着粤港澳大湾区交通和通信技术的快速发展，信息沟通成本不断降低，促使新一轮科技革命与产业变革呈现出相较以往更大范围的影响力。从产业链的角度来看，由于产业之间通过产品、技术等渠道建立了或近或远的关联。因此，创新将会通过产业链扩散的形式蔓延开来，或者由上游产业推动下游产业，或者由下游产业拉动上游产业，或者在同类产业的企业之间以竞争和合作的方式进行。粤港澳大湾区作为全球制造业基础最雄厚、门类最齐全、产业链最完整的地区，特别是在通信设备、计算机、电子信息、高端装备制造等领域具有很强的产业基础,产业集群化发展特征明显,坚实的工业基础和完整的工业体系将有助于产业链中彼此关联的产业共享和拓展技术创新成果。同时,《粤港澳大湾区发展规划纲要》提出的构建新一代信息基础设施、建成智慧城市群、加快发展先进制造业、培育壮大战略性新兴产业、大力发展海洋经济等举措,都将为粤港澳大湾区提升产业链、供应链的现代化水平,加快推动创新生态系统建设带来新机遇。

3.2 面临挑战

3.2.1 外向型经济发展韧性不足

世界范围内的不确定因素显著增多,贸易单边主义、保护主义抬头,经济全球化遭遇逆流,全球经济复苏势头受到冲击。尤其是中美两大世界经济体之间的贸易摩擦,虽历经多轮磋商,但有效进程缓慢,外贸形势不容乐观,全球产业链依旧很不稳定。同时,随着美国技术封锁的进一步加强,粤港澳大湾区高端产业的自主创新能力不足、核心技术受制于其他国家等问题凸显,尤其是新一代信息技术、高端装备制造等战略性新兴产业的核心技术受制于人的局面尚未得到根本改变。粤港澳大湾区创新生态系统建设所面临的挑战将不断增强,国际投资和贸易风险不断扩大。

此外,随着劳动力成本、土地成本的上升,粤港澳大湾区面临的外资转向东南亚等劳动力成本更低地区的压力逐渐加大,引进外资的难度进一步加大。在此背景下,粤港澳大湾区作为国际循环的积极参与者,其长期实施的出口导向型经济发展路径导致"依赖型"经济发展模式仍旧突出,更易遭受大国博弈、技术脱钩、金融施压、劳动力转移等冲击的影响,外贸经济韧性亟待提升。

3.2.2 区域一体化制度存在梗阻

粤港澳大湾区"一个国家、两种制度、三个法域、三个关税区、三种货币"的格局，既是其最大的特点，又是其最大的难点和痛点。也就是说，粤港澳大湾区不仅是跨越地理空间边界的跨区域整合，更是跨越不同政治制度、经济制度、文化制度的大融合和高配置，这给粤港澳大湾区的创新共生一体化发展带来诸多挑战。香港、澳门与内地在居住、医疗、薪酬、资金等方面存在的制度差异，涉及税收、海关、居民身份等若干细化领域的政策衔接问题，在基础设施、土地空间规划、教育医疗设施和相关制度等方面亟待协调互补，这些因素使得创新要素不能自由流动，创新资源和平台共享、创新活动、项目合作和区域规划等也受到了明显的影响。

一是人才流动不畅。比如，在个人所得税方面，广东省实行的税率比香港、澳门高。虽然广东省政府出台了相关税收优惠政策以缩小粤港之间的个税差距，但是香港还有众多的免税项目，如已婚人士免税额、子女免税额、单亲免税额等。同时，科研人员资格和专业技能人才资格互认、人才评价体系也存在着制度约束。

二是资金流动渠道不畅。粤港澳大湾区内科研资金的流通仍存在诸多障碍，如港澳金融机构的研发资金从香港进入内地，受到一般外汇管理的限制，进入门槛高。深港通、基金互认、债券通等跨境资金双向流通机制，难以满足内地与港澳之间金融双向开放的需求。

三是设备资本流通不畅。研究设备出入境的关税较重，将香港创新科技所需要的仪器设备、试验材料和中间产品运送到广东省的研究院使用，需要办理许可申请，经历各种各样的流程，没有研发设备物流的绿色通道，甚至在进出海关时仍需要缴纳30%的关税，这大大影响了两地科研机构开展长期合作的积极性。

此外，由于粤港澳三地所用法系不同，在立法、司法、执法方面存在较大差异，创新主体在三地开展创新合作时存在法律不确定性难题。

3.2.3 城市本位化制约协同发展

经过多年的发展，粤港澳大湾区的产业结构由工业主导向服务业主导转变，产业升级方向符合库兹涅茨产业结构演变规律。但从产业的空间布局来看，粤港澳大湾区的东岸以高科技产业和新兴产业为主，西岸以先进装备制造业为主，城市间在产业结构上存在一定的趋同化现象，导致粤港澳大湾区生产的产品单一化、企业产能过剩、生产资源浪费、承受外部冲击的韧性不足。《深化粤港澳合作 推进大湾区建设框架协议》对粤港澳三地进行了精准分明的定位：一是强化广东作为全国改革开放先行区、经济发展重要引擎的作用，构建科技、产业创新中心和先进制造业、现代服务业基地；二是巩固和提升香港国际金融、航运、贸易三大中心地位，强化全球离岸人民币业务枢纽地位和国际资产管理中心功能，推动专业服务和创新及科技事业发展，建设亚太区国际法律及解决争议服务中心；三是推进澳门建设世界旅游休闲中心，打造中国与葡语国家商贸合作服务平台，建设以中华文化为主流、多元文化共存的交流合作基地。然而，具体到广东省九个城市时，部分地区和领域则存在同质化竞争和资源错配现象，导致创新生态系统内的无序竞争。尤其是核心城市为了提高城市地位和争夺创新资源，往往采用竞争手段阻止对方的发展，导致创新资源不能实现共享、创新合作相对停滞、创新过程进展缓慢等。比如，佛山市突出打造大湾区"制造业创新中心"，东莞市提出建立大湾区"国际制造中心"，二者同是制造中心的定位，未能体现错位发展的思路。

此外，粤港澳大湾区的各城市在参与大湾区建设中均有各自的利益诉求，不可避免地显现出一种竞争心态，都希望借助大湾区发展，从中争取尽可能多的政策红利。以深莞惠经济圈的"坪新清"产业合作示范区的建设为例，"坪新清"产业合作示范区这个概念于 2010 年由深圳市提出，随后得到了东莞市和惠州市的积极响应。深圳市的利益诉求主要是解决土地资源紧缺问题，东莞市和惠州市希望借助深圳市的创新研发能力提升自身的城市创新水平。"坪新清"产业合作示范区的规划主要由深圳市主导进行，深圳市也提出了利益分配方式，但由于东莞市和惠州市的利益诉求没有得到满足，三个城市间存在产业同构情况所导致的合作困境。因此，无论是重要枢纽布局，还是重点平台建设，各地大多以城市本位为出发点，而非从大湾区一体化发展的角度全盘考虑，涉及重大项目往往会出现"一落地就争、不落地就两空"的困局。在产业技术、公共服务等领域，往往会呈现一种"快餐式"的合作模式，导致很多标准无法衔接，阻碍了大湾区一体化发展，造成创新资源严重同质化或创新资源互补性差。

3.2.4 协同创新发展通道不畅通

虽然粤港澳大湾区已经具备研发、转化、生产各环节所需的产业体系，但各城市间缺乏科学合理的分工合作，导致产学研脱节，大大影响了创新效率的提升。比如，香港拥有世界一流的顶尖大学，基础研究能力较强，在人才、科研、资金、法治等方面具有突出优势，但制造业空心化严重，科技型企业数量较少，科研成果转化能力较弱。广州市科教资源丰富，汇集了数量众多的高校和科研平台，对科技创新起着强大的支撑作用，但科技型企业的规模普遍较小，缺乏科技创新型龙头企业，企业的技术创新能力不足。深圳市拥有较多创新型企业，有华为、腾讯等龙头企业，具备优良的创新生态体系和突出的产业化能力，但缺乏高质量的研究型大学和世界级的基础性、前沿性研发平台，知识创新能力不足。目前，粤、港、澳三地主要以市场主导的厂商间分散的、自发的合作为主，企业、高校和研发机构间缺乏深层次、高效率的合作机制，尚未形成完整的创新链条，区域整体创新效率有待提升。

此外，风险管理与利益协调机制的缺失，阻碍着协同创新发展通道的建立。政产学研协同创新是一种高风险、高收益的创新模式，规避风险、追求收益是参与合作的主体的理性选择。一方面，粤港澳大湾区协同创新生态系统的参与方之间虽然已具备一定的合作基础，但仍面临着主体间社会差异、信息不对称、外部环境变化等带来的一系列风险。然而，现阶段的风险预测和风险控制较为缺乏，风险协调与沟通机制也未能建立，参与合作的主体存在后顾之忧。另一方面，政产学研协同创新参与主体的包括利益诉求、利益分配和利益保障等在内的利益协调机制缺乏顶层设计，特别是协同创新后产生的增量利益如何合理分配，都进一步制约着粤港澳大湾区协同创新生态系统的建成。

3.3 核心优势

3.3.1 粤港澳三地创新主体高度聚集，推动创新链条日趋完善

粤港澳大湾区肩负着打造具有全球影响力的国际科技创新中心的历史使命。根据世界知识产权组织（WIPO）发布的《2022全球创新指数》，深圳—香港—广州位列全球前100个创新集群的第二位，"广深港""广珠澳"科技创新走廊已成为全球创新高地。2016—2020年，粤港澳大湾区的发明专利公开量达149.84万件，远超其他三大湾区，年复合增长率达17.23%，现已形成涵盖"源头创新—技术创新—产业创新"的完整创新链条，为中国建设科技强国提供了有力支撑。

在源头创新方面，粤港澳大湾区全面融入国家创新体系，积极建设国家级创新平台，充分发挥港澳高校的科研优势，积极布局基础研究。截至2021年，粤港澳大湾区已推动鹏城实验室、广州实验室两个国家实验室先后挂牌运作，累计建成10家省级实验室、53家国家重点实验室（含香港16家和澳门7家），建设20家粤港澳联合实验室；已建成中国散裂中子源（东莞市）、国家超级计算中心（广州市、深圳市）、国家基因库（深圳市）等重大科技基础设施，在建和纳入规划的重大科技基础设施10个；拥有香港大学等世界100强高校5所。

在技术创新方面，通过建设新型研发机构等一批创新平台，聚集国内创新资源，促进科技成果转化。截至2021年，珠三角九市建有新型研发机构221家，其中6所港澳高校参与共建；吸引国家纳米科学中心等机构来粤建立27家高水平创

新研究院；建有国家工程技术研究中心 21 家和省级 5704 家，香港建有国家工程技术研究分中心 6 家、研发中心 5 家；香港科技园被认定为国家级孵化器，珠三角九市建有企业孵化器 1003 家、众创空间 918 家，建设了一批港澳青年创新创业基地。

在产业创新方面，形成了以企业为主体的创新体系，围绕广东省 20 个战略性产业集群的发展，聚焦电子信息等九大领域，在广东省重点领域研发计划的支持下，在 5G、4K/8K 超高清、高端打印机、高端电子元器件等领域攻克了一批产业技术瓶颈。截至 2020 年，粤港澳大湾区拥有 8 个国家级高新区、2 个国家级制造业创新中心和 28 个省级制造业创新中心；2021 年聚集了华为、广汽等 25 家世界 500 强企业；2020 年，国家级高新技术企业达 50006 家，科技型中小企业突破 34551 家，为产业转型升级和结构调整提供强有力的支撑。

3.3.2 先进制造业和现代服务业引领，产业链条向高端化发展

粤港澳大湾区已初步形成以先进制造业和现代服务业为主体的现代产业体系，大湾区城市产业发展各具特色，产业集群优势明显，经济互补性强。香港、澳门两地服务业的引领作用明显，2020 年香港和澳门的服务业占本地生产总值的比重分别为 89.85% 和 91.3%，香港的金融业高度发达，占本地生产总值的比重将近 23%。珠三角其他城市在广州市、深圳市双城联动的带动下，先进制造业发展势头强劲，2020 年珠三角先进制造业增加值和高技术制造业增加值分别占规模以上工业增加值的比重为 58.5% 和 35.7%。其中每个城市的先进制造业增加值和高技术制造业增加值分别占规模以上工业增加值的比重如表 3-1 所示。根据《赛迪顾问先进制造业百强市（2021）》，深圳市、广州市位列中国先进制造业百强市第一和第二，佛山市、东莞市等七市同样榜上有名，珠三角地区的先进制造业在国内各区域中处于领先地位。特别是在 2021 年 7 月，深圳市的先进制造业和高技术制造业的增加值占规模以上工业增加值的比重分别达到 72.5%、66.1%，形成了新

一代信息通信、先进电池材料、高端医疗器械和智能装备先进制造业集群，处于全国领先地位。在先进制造业快速发展和产业数字化趋势的引领下，汽车制造、消费电子产品制造、高端医疗制造持续向产业链中高端迈进，芯片制造和高端装备制造等战略性新兴产业也将实现联动发展。

表 3-1　2020 年珠三角城市先进制造业和高技术制造业的增加值分别占规模以上工业增加值的比重

类　别	广州市	深圳市	珠海市	佛山市	惠州市	东莞市	中山市	江门市	肇庆市
先进制造业增加值占规模以上工业增加值的比重	58.2%	71.2%	60.1%	49.8%	62.2%	53%	49.2%	37.4%	31%
高技术制造业增加值占规模以上工业增加值的比重	15.7%	67.4%	31.3%	5.4%	43.8%	39.5%	15.1%	10.5%	10.1%

资料来源：《广东统计年鉴（2021）》。

3.3.3　国际和港澳创新资源有效聚集，开放创新优势逐渐显著

粤港澳大湾区是我国开放程度最高、经济活力最强的区域之一，拥有高度开放的创新环境，为打造全球创新枢纽奠定坚实的基础。港澳对吸引国际科创人才、聚集全球创新资源具有显著的优势：香港国际化与市场化水平领先，国际顶尖高校密集，是粤港澳大湾区融入全球创新网络的"桥头堡"；澳门是粤港澳大湾区与葡语系国家、欧盟等联系的窗口，是引进发达国家先进技术成果的桥梁。珠三角九市作为我国改革开放的前沿，开展了广泛而深入的对外科技交流合作工作。目前，珠三角九市已与美国、英国等多个国家和地区建立科技交流联系，与德国、新西兰、以色列等国家签订科技合作协议，与 26 个"一带一路"沿线国家开展了各领域的国际科技合作研究，获批建设 4 家"一带一路"联合实验室。

此外，粤港澳大湾区通过举办或参加大湾区科学论坛、中国国际人才交流大

会、中国海外人才交流大会等系列活动，加强国际科技创新合作。同时，粤港澳大湾区内部的科技合作也在不断推进。深港科技创新合作区已成为粤港澳创新合作的典范，截至2021年，共有6所香港高校在深圳市设立大学研究院，累计在深联合培养各类人才超过1万名、建设创新载体56个、孵化企业265家；建立了6个面向港澳青年的创新创业基地，聚集了金砖国家未来网络研究院中国分院等140多个科研平台和项目，引入香港团队30多个。截至2021年，国家药品监督管理局药品审评检查大湾区分中心、国家药品监督管理局医疗器械技术审评检查大湾区分中心、深圳国际量子研究院、粤港澳大湾区数字经济研究院等重大平台已落地建设；广东省向港澳开放1万多台大型科学仪器，累计跨境拨付财政科研资金1.5亿元，与港澳合作新建20家联合实验室，已有6所港澳高校在粤参与共建了9家省级新型研发机构，吸引了近200名院士和40余名港澳科学家到广东省工作。

3.3.4 资金链和人才链形成有力支撑，创新生态环境不断优化

粤港澳大湾区围绕创新链和产业链，形成了以资金链为驱动、以人才链为支撑的创新生态环境。在资金链方面，粤港澳大湾区的经济实力雄厚，2021年粤港澳大湾区的经济总量约为12.6万亿元，其中深圳市、广州市、香港、佛山市、东莞市5个城市的GDP过万亿元，经济规模优势为开展科技创新提供了良好的资金支持。粤港澳大湾区的全社会研发投入不断增加。2020年，粤港澳大湾区的R&D经费投入为3560.72亿元，占GDP的比重为3.12%，较2018年增长1个百分点，比全国同期研发经费投入强度高0.7个百分点。其中，深圳市R&D经费投入占GDP的比重最高，为5.46%，其次分别为东莞市、珠海市和广州市，如图3-1所示。粤港澳大湾区的科技与金融不断融合发展，香港交易所、深圳证券交易所两个证券市场为培育、壮大战略性新兴产业提供资金支撑，政府部门通过设立风险投资和银行信贷补偿资金，调动3000多家风险投资机构投入6309亿

元风投资金支持科技企业做大做强,引导 17 家银行向超过 1.4 万家科技型中小微企业投放科技贷款 500 多亿元,形成了资本市场与科技创新协同发展的良好局面。

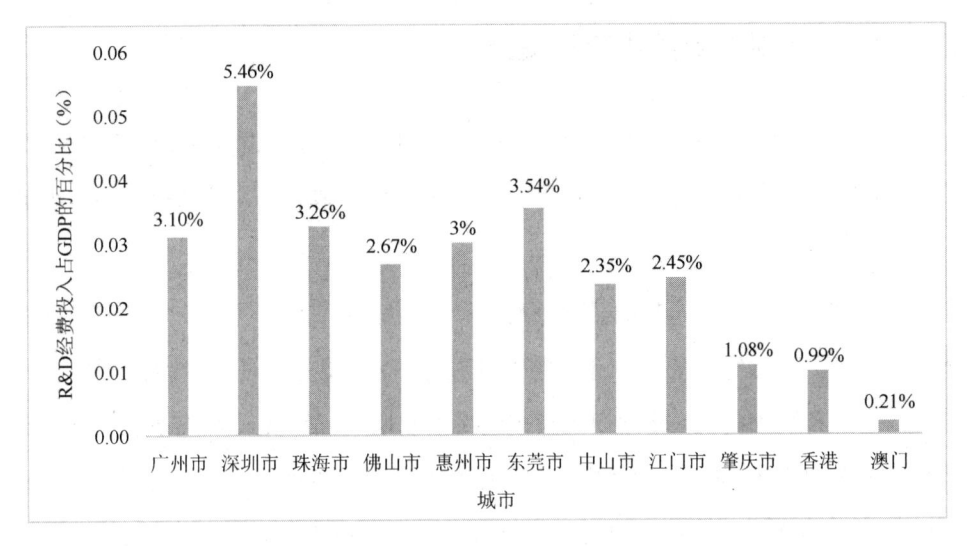

图 3-1　2020 年粤港澳大湾区各城市的 R&D 经费投入占 GDP 的比重

数据来源:广东省科学技术厅官网、《2020 年香港创新活动统计》和澳门特别行政区统计暨普查局。

在人才链方面,粤港澳大湾区的各城市通过实施各项人才计划和境外高端人才税收优惠政策,形成了从高层次人才到研发人员梯度发展的局面。广东省通过深入实施重大人才工程,2021 年汇聚高层次人才超过 5000 名,集聚全球科技人才超过 6 万名。广州市、深圳市人才聚集效应凸显,广州市实施"广聚英才计划"等一系列人才政策和举措,为吸引高层次人才提供了有力支撑。截至 2020 年,在穗工作的两院院士达 115 名,累计认定外籍高端人才 3234 名,发放人才绿卡 7600 余张;深圳市通过实施"孔雀计划""鹏城英才计划"等,截至 2022 年,共引进全职院士 77 名、高层次人才超过 2.2 万名、海外归国人员 19 万名,人才总量已达 663 万名。2020 年,珠三角九市全社会研发人员全时当量为 82.63 万人年,占全省 94.73%。香港研发人员共计 3.61 万人,香港、广州市、澳门的研发人员主要集中在高校和科研院所,其他城市的研发人员主要集中在企业。

3.4 突出短板

3.4.1 基础研究能力有待提升

粤港澳大湾区作为综合性国家科学中心，与世界科学中心尚存在一定的差距，战略性科技力量布局不充分，原创性科技成果偏少，制约着大湾区原始创新水平的提升。

一是粤港澳大湾区对基础研究的财力和人力投入不足。鉴于广东省的基础研究主要集中在珠三角地区，并且香港和澳门的研发经费投入不高，因此采用广东省的基础研究经费投入来衡量粤港澳大湾区的基础研究经费投入。2020 年广东省全社会基础研究经费投入占研发经费的比重仅为 5.87%，低于全国平均水平（6.01%）。作为粤港澳大湾区科技创新核心城市的广州市和深圳市，其基础研究经费投入占全市 R&D 经费的比重分别为 14.2%和 4.82%，广州市已接近纽约、伦敦等 15%的水平，而深圳市仍低于广东省平均水平。在人力资源投入方面，粤港澳大湾区虽然已经聚集了大批高端科技人才，但是在基础研究人力资源储备方面还存在不足。《全球创新指数 2022》显示，2021 年"深港穗"科技集群聚集两院院士 206 名，少于"沪苏"科技集群的 323 名；"深港穗"科技集群 SCIE 收录论文 133327 篇，比"沪苏"科技集群少 1.5 万篇。

二是粤港澳大湾区的基础研究载体略显不足。粤港澳大湾区高校数量多，有香港大学、中山大学这样的世界一流高校，但是在"双一流"学科中没有基础研究十大学科中的地球、工程、信息、生命等专业，而且与旧金山湾区相比，缺乏像斯坦福大学这样的世界顶尖水平的研究型高校，基础研究资源不够富集，难以对基础研究形成全面理论支撑（见表 3-2）。此外，粤港澳大湾区的重大科技基础设施和国家级科研平台的数量与北京市、上海市等城市也存在明显差距。以综合性国家科学中心为例，目前我国建设有上海、安徽合肥和北京 3 家综合性国家科学中心。这些综合性国家科学中心具有重大科技基础设施群，有国家级实验室、大科学装置（上海5个、合肥8个、北京7个），而粤港澳大湾区目前已运行的大科学装置有4个，多属"新"型"轻"态，"重"型"实"态的较少，重大科技基础设施群建设尚需进一步完善①。

表3-2 2022年QS世界大学排名——旧金山湾区和粤港澳大湾区对比

QS世界大学排名	旧金山湾区	粤港澳大湾区	
	斯坦福大学（NO.3）	香港大学（NO.22）	香港科技大学（NO.34）
		香港中文大学（NO.39）	香港城市大学（NO.53）
	加州大学伯克利分校（NO.32）	香港理工大学（NO.66）	香港浸会大学（NO.287）
		中山大学（NO.260）	华南理工大学（NO.407）

3.4.2　关键核心技术受制于人

粤港澳大湾区拥有自主核心技术的制造业企业不多，特别缺乏主导全球产业创新链的科技领军企业；高端芯片、集成电路、基础软件、工业设备等重点领域的"卡脖子"技术短板依然突出，90%的高端芯片、80%的高端数控机床、85%的智能手机元器件、95%的汽车电子元器件都依赖进口，尚未实现科技自立自强。主要是因为粤港澳大湾区内的高校、科研机构、企业等创新主体融通不足，在产学研合作上存在技术供给与需求错配，没有形成利益共同体，创新链存在梗阻，创新链与产业链未能进行深度融合。

粤港澳大湾区的高校数量虽多，但是除了香港的6所高校，拥有国际顶尖水平的专业和研究领域的高校不多，而且由于体制机制等原因，香港高校与大湾区企业的产学研合作不够紧密，香港、澳门、广州市、深圳市四大核心城市间的产业链与创新链融合存在脱节。在大湾区四大核心城市中，香港高校的科研水平最高，但制造业居较低水平；澳门的服务业相对发达，但基本没有实业产业；广州

---

① 数据来源：《关于提升广东省基础研究创新能力的建议》，南方智库专报（第743期）。

市的高校和科研机构众多，但创新企业的数量相对不足；深圳市高科技企业的数量、质量均位居第一，但全市基础研究力量仍较薄弱。其他七个城市与四大核心城市间未形成融合发展的态势，高校、科研院所的许多科技成果难以直接转化为产业创新成果，产业链高质量发展的核心创新能力不足。

3.4.3　产业发展尚未有效协同

粤港澳大湾区的产业协同发展面临着产业结构趋同、同质化程度高、产业协作不充分、创新能力差距大等问题，阻碍产业链的有效整合与延伸。

一是粤港澳大湾区存在产业结构趋同问题。除香港、澳门以外，珠三角九市的产业结构相似系数均大于 0.8，说明从三个产业层面来看，珠三角九个城市的产业结构存在高度趋同。总体来看，2009 年粤港澳大湾区的产业结构相似系数的平均数为 0.850，到 2019 年该指标上涨至 0.869，表明从三个产业层面来看，粤港澳大湾区整体的产业结构呈趋同的趋势。分城市来看，产业结构相似系数最低的城市是澳门，其次是香港，产业结构相似系数最高的前三个城市分别是东莞市、珠海市和深圳市[①]（见表 3-3）。产业同质化产生重复建设、激烈竞争等问题，给粤港澳大湾区的产业升级与优化带来一定的影响。

二是粤港澳的互补优势有待进一步挖掘。珠三角九市先进制造业的发展需要专业的服务业配套，内地的现代服务业由于起步晚，尚难满足制造业发展的需要，港澳虽然具备完善的现代服务体系，但是由于缺乏有效引导，以及在跨境服务过程中面临外汇和税务申报等实务问题，未能有效地支撑珠三角的制造业转型升级。

三是粤港澳大湾区内各城市的创新能力差异巨大，协同创新动力不足。粤港澳大湾区的各个城市在创新资源、创新环境、创新投入能力及创新产出能力等诸

[①] 杨新洪. 粤港澳大湾区产业协同发展研究[J]. 岭南学刊，2021（01）：5-14。

多方面都存在巨大差距。比如，在创新产出能力方面，深圳市的专利申请与授予量最高，位于第一梯队，远远高于其他城市，广州市和香港位于第二梯队，佛山市、惠州市、东莞市位于第三梯队，其余的位于第四梯队。粤港澳大湾区的各城市在创新能力上呈现出阶梯式差距，深圳市、广州市领跑现象明显。

表3-3　2009—2019年粤港澳大湾区各城市的产业结构相似系数

	2009年	2010年	2011年	2012年	2013年	2014年	2015年	2016年	2017年	2018年	2019年
广州市	0.855	0.826	0.859	0.845	0.839	0.845	0.856	0.910	0.905	0.921	0.918
深圳市	0.907	0.904	0.902	0.895	0.886	0.902	0.925	0.935	0.932	0.937	0.932
珠海市	0.915	0.927	0.912	0.921	0.925	0.926	0.927	0.925	0.912	0.924	0.921
佛山市	0.812	0.829	0.835	0.814	0.814	0.824	0.825	0.885	0.886	0.862	0.863
惠州市	0.914	0.886	0.875	0.889	0.869	0.889	0.863	0.903	0.889	0.855	0.845
东莞市	0.921	0.915	0.925	0.923	0.934	0.941	0.925	0.936	0.924	0.916	0.926
中山市	0.869	0.887	0.889	0.865	0.885	0.892	0.874	0.869	0.891	0.878	0.879
江门市	0.860	0.854	0.878	0.845	0.885	0.842	0.883	0.921	0.915	0.914	0.905
肇庆市	0.857	0.886	0.896	0.865	0.891	0.895	0.901	0.889	0.869	0.879	0.874
香港	0.723	0.723	0.736	0.706	0.745	0.751	0.760	0.772	0.776	0.767	0.769
澳门	0.714	0.658	0.698	0.687	0.736	0.732	0.745	0.725	0.721	0.730	0.726

数据来源：杨新洪. 粤港澳大湾区产业协同发展研究[J]. 岭南学刊，2021（01）：5-14。

3.4.4　创新资源循环有待畅通

首先，在国际创新资源循环上，美国对科技跨国服务、涉华人才交流均提出严格的限制，导致海外并购高科技公司难以持续，海外人才和技术引进受限，吸引跨国公司在粤港澳大湾区设立研发中心的难度加大，国际创新资源循环受阻。其次，在劳动力要素流动上，目前粤港澳大湾区内除港澳两地外，其他九个城市的国际先进人才比例较低、国际科研活动数量较少，湾区内科技人才流动不够畅通、高效，人才职业资格互认、出入境、住房、税收等方面存在诸多不便，导致劳动力要素投入给经济增长带来的直接效应和溢出效应均不显著。再次，在资本要素流动上，粤港澳三地的体制制度差异化障碍、创新资源分布不均匀、创新资源流通共享机制缺失等因素，严重阻碍了粤港澳大湾区科技与金融的融合发展。

除香港和澳门外,深圳市、广州市和佛山市等其他城市的金融服务竞争力均略显不足,金融服务的短板将直接影响科技创新的进步。最后,在科教资源流动上,粤港澳大湾区内部的科研资金、科研设备和样品等存在难以跨境使用的问题,重大科技基础设施、大型科研仪器设备、专家智库等创新资源的共享也不充分,港澳优质的科研资源尚未得到充分利用。

第4章

国外湾区创新生态系统建设的经验借鉴

旧金山湾区、纽约湾区、东京湾区等国外著名湾区具备完善的产业配套体系、高效的资源配置能力、强大的集聚外溢功能、发达的国际交往网络和宜居宜业的城市环境等优势,其成功经验可为我国粤港澳大湾区的创新发展提供一定的启示。因此,本章通过梳理旧金山湾区、纽约湾区、东京湾区三大湾区的发展概况,分析其产业发展特色及创新推动举措,以期为粤港澳大湾区创新生态系统的建设提供经验支持和决策参考。

4.1 旧金山湾区

旧金山湾区是著名的"科技湾区",地处美国加利福尼亚州北部,聚集了斯坦福大学、加州伯克利分校等20多所世界一流大学和多个享有国际声誉的国家实验室,并拥有一大批重大科技基础设施,这些创新资源推动旧金山湾区成为全球创新高地和最重要的科技创新中心之一。此外,旧金山湾区也是以电子与信息技术产业为代表的全球最大的产业创新集聚区域,拥有硅谷科技创新区和众多研发型企业,高技术经济占据了该湾区的"半壁江山"。

4.1.1 构建区域协调机制,形成优势互补的产业功能分区

由于美国实行联邦制且主张"小政府、大社会"的社会管理体系,加利福尼亚州政府没有制定州一级的政府规划来统筹和协调湾区的经济社会发展战略,导致旧金山湾区内的城市各自为政,恶性竞争严重,产业同质化明显。

为了有效地协调区域发展和解决问题,旧金山湾区内部自发组建了旧金山湾区政府协会(ABAG)、大都会交通委员会(MTC)、旧金山湾区保护与发展委员会(BCDC)和湾区空气质量管理区(BAAQMD)等专业公共机构,在交通基础设施、生态环境等方面协同管理与发展。其中,旧金山湾区政府协会是湾区最主要的区域性综合规划机构,与当地政府、利益相关方合作制定和实施创新的解决方案,该解决方案涉及土地使用规划、住房、交通、环境质量、防震抗灾能力等方面的问题。为了更好地规划和协调湾区的可持续发展问题,旧金山湾区委员会还制定了多个战略性指导方案,如最近所执行的指导方案是《湾区规划2040:区域可持续发展策略》(2017年通过),主要集中在住房、交通、经济和环境四个方面的关键问题上,通过长期的发展规划和政策制定保障湾区所有居民获得更加公平的权益。

在此过程中，旧金山湾区内各区域实行差异化定位，形成优势互补、协同效应强的产业功能分区。其中，旧金山市侧重于金融业、旅游业和生物制药业，产业结构高度服务化，是美国重要的金融中心；东湾以奥克兰市为代表，是美国重工业、金属加工业、石油业和航运业的集中地；南湾以圣何塞市为代表，是美国硅谷所在地，其高科技产业领先世界；北湾以农业为主，是美国知名的葡萄酒产地；半岛是湾区房产最热门的区域。旧金山湾区内各区域分工明确，形成了多元化的产业结构布局，实现了各城市间的良性竞争。

4.1.2 推动主体良性互动，实现科技资源的高效流动配置

在旧金山湾区的创新生态系统中，大学师生、科研机构人员、企业家和风险投资家等构成了创新核心圈层。旧金山湾区通过推动以高校为核心的各类创新主体良性互动，实现了科技资源的高效流动和配置。

具体而言，旧金山湾区充分发挥高校资源丰富的优势，推动知识生产、技术商业化和创新扩散的步伐，在"大学+湾区"的合作实践中，探索出以下几种有效方式。一是高校参与科技创新园区建设，如斯坦福大学在校内创建斯坦福研究园，吸引科技企业聚集，加速科技成果的转化，并为学生创新创业提供理想的平台和空间。二是高校为企业创新提供优秀人才，其中斯坦福大学最为典型，其毕业生创建了惠普、苹果、雅虎等知名企业，这些企业的产值占湾区总产值的50%~60%。三是高校提供技术支撑并主动实施产业化，如斯坦福大学成立了技术授权办公室，负责管理斯坦福大学的知识产权资产，统一为学校内的各项科研成果申请专利，并把这些专利授权给工业企业，有力促进了科技成果的产业化。四是高校加强知识产权保护意识，保护校企双方的合法权益，其中斯坦福大学在技术转让和知识产权等校企合作问题上积累了一套成熟的方案，充分考虑企业的立场和需求，并出台了极为便利的合作流程。五是政府支持高校和实验室，强化资金投入，鼓励科技研发，通过集中采购加快新产品的产业化应用，如采购集成电路、计算机最

新产品等。六是加强大学教授与产业界的紧密联系,大学教授可以依托自己发明的某项技术创办公司,在离开公司后可以回大学继续担任教职,形成产业界和研究界间的"旋转门"。

此外,在大学与湾区的互动过程中,湾区内部优质的教育资源反过来吸引大批优质的科技公司和中小微科技企业进驻,进一步完善了"教育+科技+产业"的创新生态系统。

4.1.3 建立风险投资体系,形成强力支撑的科技金融生态

旧金山湾区汇集了美国顶级的天使投资人和大批风投机构,形成了以风险投资为主体的良好金融环境,在高新科技与金融资本之间架起了桥梁,为湾区的高新技术及创新科技的发展提供了充足的资金保障,也为湾区的产业发展提供了必要的金融资源。旧金山湾区的风险投资具有多样化的组织形式:小企业进行投资可以从政府的小企业管理局获得低息贷款;合作制的风投公司可以参与小企业管理局制订的投资计划;股份制风险投资公司按照股份制企业进行运作;集团内部风险投资公司可以使用本公司的发展基金。湾区的风险投资机构在为初创企业提供起步资金的同时,还帮助创业者建立团队,为其提供技术咨询服务。

在风险投资的影响下,旧金山湾区出现了大量的孵化器、加速器等创新服务机构,逐步建立起完善的科技中介服务体系,包含管理信息咨询、人力资源服务、金融资本、技术转移、财务和法律服务等,这些服务的整合运作大幅提高了湾区的创新产出效率。比如,斯坦福大学、加州大学伯克利分校等高校均设置了孵化器,为学生提供一系列的创业服务,激发并保护了学生的创造性和积极性。

经过多年发展,旧金山市和硅谷还涌现了一大批科技金融创业公司。这些科技金融创业公司与传统的风险投资公司、银行、债券公司、证券公司交织,形成强大的科技金融生态,围绕不同规模科技企业的投融资需求,量身定制了

理财投资、现金流管理、组合贷等解决方案，为科技企业的快速发展提供强力支持。

4.1.4 激活创新冒险基因，营造开放包容的创新文化氛围

文化的包容性是旧金山湾区成功的关键，多元包容与开放创新的文化特征为旧金山湾区的发展注入了蓬勃的生命力。旧金山湾区因淘金而吸引了大量的移民，移民文化和淘金文化赐予湾区"自由""冒险""包容"的创新创业精神，激发了湾区的创新激情。旧金山市一次次成为各种思潮的大本营或者主阵地，成为艺术家、创新人才聚集的重要城市之一，涌现出一批重大创新成果。以南市场区为例，南市场区靠近市中心，曾经是贫民窟和工业废墟，但在20世纪80年代，租金低廉的低矮仓库和厂房强烈吸引着新一代年轻人。20世纪90年代，随着互联网的发展，社会对创造性内容的需求成为主流，南市场区愈加受到青睐，大批的多媒体公司在这里创建，从而奠定了其"多媒体产业发源地"的产业地位。

旧金山湾区独特的法律环境为创新创业提供了极大保障。比如，法律规定不允许雇佣合同中存在竞业禁止条款、对商业秘密和私有信息保护较宽泛的法律管制等。这种独特的法律环境为初创企业的发展和人才流动提供了便利，离职创业成为更多人的选择，如仙童企业的研究人员在离职后创立了38家"子企业"。此外，政府和市场的各司其职也为创新氛围的形成提供了保障。

旧金山湾区的创新生态体系自下而上自发形成，政府充当的主要是环境创造者和培育者的角色，致力于推动知识产权等相关法律的制定与实施、努力消除贸易壁垒、提升对外来文化的包容度等，因而较少管理市场，其资源优化配置能力得到最大限度的发挥。正是由于政府和市场之间达到了相对成熟的平衡，为高新技术企业的诞生、发展和成熟提供了良好的创新环境。除此之外，旧金山湾区内良好的科技成果转化机制，持续不断的公共科研投资，世界顶尖大学、国家实验室、风投公司等创新主体的集聚，也为湾区创新氛围的营造提供了全方位支持。

4.2 纽约湾区

纽约湾区被誉为"金融湾区",是发展历史最为悠久的世界级湾区,并且经历了多次产业转型,从最早期的美国制造业中心转变为金融中心,最终又成功转型为全球科技创新高地。纽约湾区的成功转型既有区域合理规划的加持,也受政府、企业、高校及金融机构所构成的良性创新系统的深刻影响。这对同样以科技创新为目标的粤港澳大湾区而言有着重要的借鉴意义。

4.2.1 政府主动减税降费,优化企业创新环境

纽约湾区的政府机构虽然不直接作为创新主体,但可以通过实施一系列优惠政策鼓励创新,以推动各类创新主体更好地发挥创新潜力。在进入21世纪后,纽约湾区出台了大量减税降费政策,在很大程度上提升了城市的创新活力。根据政策发挥方式的不同,这些减税降费政策大体可分为直接促进政策和间接促进政策,具体内容如表4-1所示。

表 4-1 纽约湾区的减税降费政策

政　策	内　容
企业电费优惠费率（BIR）	帮助企业把电费成本降低 30%~50%,企业原则上要在纽约市保留或增加就业机会,可持续优惠 5 年
商业扩张鼓励计划（CEP）	新签、续签和扩张增租的企业可享受减租优惠,商业企业和非营利机构优惠 5 年,制造企业可享受 10 年
鼓励扶助社区计划	设立在贫困地区的企业可享受多项税收抵免政策,包括加速折旧、工薪税抵免,以及为企业融资和创造就业
降低能源成本计划（ECSP）	为纽约市的部分企业降低能源成本,包括降低 45%的电费成本和 35%的输电成本,优惠期 8 年
影视税抵免计划	针对质量好的电影、短片、电视剧、小型连续剧等的制作成本,纽约州和纽约市分别提供 30%和 5%的退税优惠
曼哈顿下城商业租金税减免优惠	曼哈顿坚尼路以南地区的新租约或续约企业可享受一个五年期特别商业租金税减征待遇

续表

政　策	内　容
纽约生物科技产业退税计划	为小型生物技术公司提供设施、营运及培训的退税优惠，每年最高退税额可达25万美元
纽约市商务解答培训基金	为金融、建筑、信息技术等9个行业有意开发员工技能的企业提供技术支持和高达40万美元的资金
新兴科技公司减税措施（QETC）	符合"新兴科技"定义的企业，如新媒体、传媒、信息技术、工程、高新材料、生物科技和电子等类型的企业，能获得每年30万美元的税费抵免
企业搬迁及就业辅助计划（REAP）	为符合资格的企业员工退税，每个符合标准的搬迁员工每年可退税3000美元，最长可达12年

资料来源：高雅. 高质量发展背景下纽约创新中心营造及启示[J]. 北京规划建设，2021（02）：93-99。

直接促进政策主要是指各种创新创业优惠政策，如纽约市政府先后出台商业扩张鼓励计划、降低能源成本计划、新兴科技公司减税措施、曼尔顿下城商业租金税减免优惠、影视税抵免计划等一系列政策，从租金减免、税费抵扣、能源补贴等多种途径缓解初创企业的生存压力。

间接促进政策主要包括城市改造计划、应用科学计划和众创空间计划。尽管这些计划不直接作用于创新主体，但可以大大改善纽约湾区的创新创业环境。其中，城市改造计划推动纽约市政府建立起全世界最大的免费公共WiFi网络，并打造了"数字纽约"（Digital.NYC）创业平台，帮助当地的高科技公司、投资机构和求职者掌握最新动态。应用科学计划以企业运行的实际问题为导向，注重湾区的应用性创新和成果的商业转化，旨在通过补全纽约湾区高校理工科偏弱的短板，增强纽约湾区在应用科学领域的科研创新能力，通过加强学术界与产业界之间的紧密联系，加快科研成果转化，将纽约湾区培育成科技创新企业的重要根据地。在众创空间计划中，早期的众创空间主要由政府资助，形成传统的"科技孵化器"，如BXL、Bronx等。其后，众创空间逐渐商业化，成为所谓的"联合办公空间"，赋予传统的办公活动一定的社交属性，将个体创业行为转变为多元协作行为，这其中的典型代表便是WeWork。此外，还有一种类型为高校或科研机构向社会开放的"公共实验空间"，如城市未来实验室、哈林生物科技空间等。

4.2.2 推动产学研一体化，完善协同创新体系

纽约湾区作为美国产学研协同创新的发源地，其范围内的高校、科研机构、企业等创新主体一直保持紧密的联系，具有合作共赢的文化传统。纽约湾区内的产学研模式具体可分为三类。

第一类是"科技园"模式。园区内的高校与企业形成紧密的互动关系：一方面，高校为企业提供人才和科研力量支持；另一方面，企业向高校输送业界导师培养的实干型人才，并为学生提供大量业界实习和就业的机会。比如，由康奈尔大学和以色列理工学院合作建设的康奈尔科技园，吸引了 Facebook、谷歌、亚马逊、推特等一众高科技企业的加盟。

第二类是"科技孵化器"模式。此类模式主要附属于高校，高校通过提供各种服务支撑和技术支持，推动科技成果从实验室走入市场，最终形成初创企业。以康奈尔大学的 McGovern 孵化器为例，该孵化器通过整合康奈尔大学和纽约州多方面的资源，为企业提供产品和技术开发协助、业务计划制订、管理团队招募、融资帮助等一系列的重要服务，成功孵化了近百个企业团队。

第三类是"技术转让"模式。20 世纪 80 年代，美国高校相继建立大学技术许可办公室（OTL），该部门主要负责挖掘专利标的、寻找目标企业，通过帮助发明者减少搜寻成本，有效提高专利成果的转化率。同时，该部门通过合理的专利费分配，让相关科研人员共同分享科研成果商业化带来的巨大利益，进而形成良性的激励机制。

4.2.3 依托金融科技力量，构建金融创新生态

纽约湾区作为美国乃至全世界金融最为发达的区域，拥有全球市值最大的纽约证券交易所和市值第二的纳斯达克证券交易所，汇聚花旗银行、高盛、摩根士丹利等世界顶级金融机构的总部或分支机构，凭借雄厚的金融资本和极为便利的

融资环境，有效推动了创新型企业的快速发展。

首先，纽约湾区是典型的金融驱动型区域，其对技术领域的关注度非常高，研发投入集中于金融技术领域，最大的特色就是与金融业结合紧密的新技术在研发、中试、转化、运用和推广等各个环节都有强大的资金保障。比如，在2015年以后，摩根大通持续加强对区块链、人工智能和大数据等技术领域的投入，平均每年在新一代信息技术上的投入超过90亿美元；保险巨头AIG集团通过资本运作收购了大批研发型公司，组建了自己的研发团队，将人工智能和大数据用于车险场景，在理赔、后台风险分析、风险预测评估等方面大幅提升市场竞争力。可以说，纽约湾区正是依托内部良好的科技人才资源、雄厚的金融资本和目标性较强的研发投入，推动了湾区新一代信息技术的快速发展，巩固了湾区在金融科技、信息制造、生物医药等精尖产业的市场优势地位。

此外，纽约湾区还是世界上最先探索和建设科技金融生态系统的区域，拥有全球知名的金融创新实验室，包括纽约市投资基金与埃森哲共同成立的金融科技创新实验室、摩根大通成立的金融解决方案实验室、花旗银行成立的花旗银行创新实验室等，为推动湾区的金融创新发挥了巨大作用，进而更好地服务于科技创新。比如，金融大数据可以帮助银行更好地对小企业进行信用评定，进而促进银行发放信贷。

4.2.4 打造宜居宜业环境，集聚高素质劳动力

纽约湾区高度重视规划的引导作用，通过定期对规划进行动态跟踪与修订，为创新人才的生活、就业和创业营造良好环境。以波士顿为例，波士顿市政府对波士顿郊区的办公园区进行了翻新改造，引入学校、超市、医院等各种生活配套设施，吸引了很多年轻人才来此工作、居住。

同时，纽约湾区作为移民集中的区域，其包容性、多元化对技术人才产生了强大的吸引力。以"美国梦"为例，其起源于纽约湾区，是指只要在美国经过不

懈的奋斗就能获得更好生活的理想。纽约湾区正是通过对"美国梦"的继承和发扬吸引了大量移民，这些移民通过努力实现自我价值、创造财富，为湾区带来高素质劳动力的输入。"美国梦"还孕育出开放包容、多极多元的移民文化。此外，政府人才引进政策和企业税收减免政策也是纽约湾区成为人才高地的重要法宝。

4.3 东京湾区

东京湾区位于日本关东地区，被誉为"产业湾区"。东京湾区早前以传统工业为主，经过多年转型升级，形成了以第三产业为主、以高端制造业为辅的产业结构。东京湾区不仅聚集了丰田、佳能等世界 500 强企业，还拥有东京大学、筑波大学等国际知名高等学府，形成了独具一格的"工业+研发+政府"的创新模式，是集重化工业基地、金融中心、科研和文化教育中心、创新人才高地于一体的国际科技创新中心。

4.3.1 实施工业分散战略，引导湾区产业合理布局

东京湾区是一个以钢铁、石油冶金、石油化工、精密机械和商业服务为中心的综合性工业区，合理的分工是湾区产业空间分布的一个显著特征。从 20 世纪 60 年代开始，为了优化东京湾区的产业发展，日本政府制定并实施了"工业分散"战略等一系列的规划政策，通过明确各地区的职能定位和空间布局，将权力下放至各地区，逐步推动制造业的产业转移和高端服务业的集聚发展，不断优化城市配套建设，加快形成错位、联动、衔接的东京湾区都市圈。在此过程中，东京中心城区强化高端服务功能，重点布局高附加值、高成长性的服务性行业、奢侈品行业和出版印刷业，最终推动东京成为日本最大的金融、商业、管理、政治、文化的中心。

同时，为了加强跨区域间的协作能力，日本政府还实施了一系列包括交通、

环境、建立信息共享平台、产业一体化和行政体系改革等方面的政策，引导湾区内的产业获得合理布局。可以说，当前东京湾区的产业结构已经发生了巨大变化，正因为东京湾区在建设过程中特别注重产业布局的合理性，才能一直维持制造业基地的地位，实现产业结构的优化升级。

4.3.2 创新人才引进机制，集聚全球科技人才资源

东京湾区为了吸引人才，实施了国际化、全方位、多渠道的引进科技人才机制。一是实施更为宽松的移民政策，放宽科技人才在日本生活和工作的年限等移民条件限制，允许其保留原有国籍，并制定相关政策保障海外人才的生活，包括为海外优秀科技人才提供优厚的医疗保障、子女入学教育等服务。二是实施"留学生30万人计划"，通过增加派驻海外教育机构的数量积极推广留学信息，通过改善入学考试条件、简化入境手续等方式创造宽松的留学环境，同时进一步推广国际化学校设施，建设具有吸引力的国际化大学。三是将海外援引机制和"就地取才"机制相结合，充分利用海外科技人才资源：一方面通过资金资助和创造良好的生活条件吸引海外科技人才来日本从事科研活动；另一方面通过收购、入资国外实验室或企业，设立海外研发机构或奖学金等方式，柔性引进和利用当地的科技人才和科技成果。

4.3.3 推动科技成果转化，打通科技创新生态链条

东京湾区十分重视产学研的结合，积极促进各高校与企业间的科技合作和协同发展，致力推进高校科研成果产业化的转变和实践。其中，具有鲜明特色的是东京湾区建立了以企业为主导的横向培养式合作机制，实施产学研一体化。日本企业从多个方面深度参与高校科技人才的培养：投资建设工业实验室作为高校理工科研究生的教育科研基地；为科技人才培养投入大量的科研经费；鼓励兼职，支持高校科技人才加强科研实践，并以"师徒制"培育机制加强高校科技人才与企业的交流，提供就业机会。

同时，为了建立一个更具竞争力的创新生态环境，日本政府还推出相关政策，将最初属于许多部委的大学和研究所独立法人化，赋予了它们更大的行政自主权力。比如，日本的《大学技术转让促进法》将促进高校科技转化作为突破口，建立大学科技转让机构。该机构主要以公司法人的形式存在，其职能是秉承"产学研"结合理念，负责挖掘、评估、选择具有产业潜能的研究成果，将这些研究成果转让给企业，破解高校科技转化率低的问题。

此外，筑波大学大胆鼓励教师和学生以科研成果为基础进行创业，进行了教师可以创业并兼任公司董事长的制度改革，并且对教师持有公司股权的比例不设限制，大大激发了教师的创业热情，推动了科技成果转化。

4.3.4 构建创业孵化体系，打造良好创新创业环境

科技要转化为生产力，需要一个良好的创业环境在政策、经济、融通资金上提供全面而快捷的服务。东京湾区内建有亚洲著名的科学城——筑波科学城，筑波科学城聚集了诸如日本国立物质材料研究所、日本产业技术综合研究所等多家大型科研院所。该科学城仅次于硅谷，是世界第二大高科技研发基地。筑波科学城通过建立全面、多层次的科技创新服务体系，创造了良好的创新创业发展条件，初步构建了高精尖产业创新生态系统和创新创业服务生态系统。其中，筑波研究交流支援中心是一家由茨城政府、日本政策投资银行和76家民间机构共同出资成立的科技服务企业，旨在促进筑波科学城的产、学、政机构间的研究交流和合作，打造产学政合作网络。筑波科学城约56%的中小型科技服务机构都入驻了筑波研究交流支援中心提供的平台，享受办公场地、公共设施服务等方面的优惠，通过构建起龙头企业带动下的科技服务体系，为筑波科学城早期科技服务业的形成奠定基础。1999年以后，该机构将创新创业扶持作为核心业务，在风险企业孵化和培育上重点投入，向孵化器转型，采取的措施包括专门为前沿基础领域的技术创新企业提供协同工作室、面向中小企业搭建合作平台等。

4.4 经验启示

通过对比旧金山湾区、纽约湾区、东京湾区等国外著名湾区的建设经验和典型案例,我们不难发现,虽然各大湾区的建设各有特点,推动湾区发展和创新活动的力量也有所差异,但发展机制基本一致,即在优势产业或产业转型的基础上,通过合理的顶层设计和规划实现湾区城市群错位发展,重视产业创新链培育,推动创新主体良性互动,充分发挥区域内的科教力量和政府导向力量,进一步完善科技金融体系,打造良好的产业创新生态。

4.4.1 构建区域协调发展机制

从国外著名湾区的实践经验来看,这些湾区均基于城市原有的区位优势和产业基础,遵从城市间协作的客观规律,通过合理的顶层设计和规划推动实现湾区城市群的错位发展,进而有效避免湾区内城市间的同质化竞争。比如,旧金山湾区通过成立旧金山湾区委员会,在极大程度上解决了早期城市之间产业同质化严重、恶性竞争凸显的问题,建设优势互补的产业功能分区。同时,在旧金山湾区委员会的推动下,旧金山湾区建立了半官方性质的地方政府联合组织,随后又设立了分管交通、环境等方面的委员会,这些组织对湾区协调发展起到重要的促进作用。东京湾区通过立法将权力下放到各地区,逐步推动制造业的产业转移和高端服务业的集聚发展,不断优化城市配套建设,加快错位、联动、衔接的东京湾区都市圈形成。同时,东京湾区还实施一系列的包括交通、环境、建立信息共享平台、产业一体化和行政体系改革等方面的政策,进一步加强跨区域的协作性。

粤港澳大湾区应进一步实施系列区域治理机制来协调区域发展问题,明确各城市的产业布局和功能定位,形成错位发展与互补的产业结构,并通过发展中心城市的主导产业来带动周边区域的产业跟进。同时,粤港澳大湾区的各城市应积极加强创新资源的对接和合作，逐步建立粤港澳大湾区常态化科技合作机制，突破创新要素跨境流动的限制，实现创新资源的优化配置。此外，粤港澳大湾区还应在区域、民间层面推动成立各类组织机构，由知名企业、智库、社会组织组成，定期向粤港澳三地政府提出具体诉求，提供研究支持，形成发展决策和咨询的"双轨机制"。

4.4.2 积极培育产业创新链条

一般来说，重大关键技术、产品的创新都要经历从基础研究到产业化的完整链条，破解创新"瓶颈"的关键在于理顺创新链条。世界三大湾区均非常重视产业创新链条的培育，着力促进创新主体之间的良性互动、协同共生。

首先，各大湾区拥有众多的顶尖高校和科研机构，成为创新知识的策源地和创新人才的培养地。比如，纽约湾区是哈佛大学等众多国际著名高校及科研院所的集聚地，旧金山湾区拥有斯坦福大学等著名高校，东京湾区聚集了庆应大学等知名高校，这些高校大部分与主导产业集聚区相邻，是湾区产业链和知识链的始发端口，对推动高技术产业链形成和促进传统制造业转型升级起到重要的引领作用和支撑作用。这些高校的存在，使湾区核心地带产生虹吸效应，吸引人才、资金、技术等创新要素集聚，推动技术项目从实验室走向技术孵化器，进而实现产业化。

其次，科技成果转化服务让高校的科研成果转化为现实的生产力。比如，旧金山湾区的斯坦福大学成立的技术授权办公室，统一管理科研专利并将其授权给工业企业；东京湾区依托日本科学技术振兴机构将科研成果建成数据库，并提供给缺少研发能力的企业；纽约市开展应用科学计划，搭建规模浩大的科技产业园区，大大提升了校企合作程度和科研成果转化效率。

对粤港澳大湾区而言，一是要推动粤港澳三地的大学在人才培养、科学研究、资源共享等方面的合作，发挥粤港澳高校联盟的作用，并制定三地高校人才联合培养方案，确定跨区域的联合课程、联合导师组；二是要注重推动科研成果从实验室走向商业市场，具体可以借鉴纽约湾区的"技术转让"模式和"科技孵化器"模式，并通过建立科技产业园区吸引高校和企业入驻，给予产学研融合更便捷的环境；三是要重点围绕数据库互通、实验室共建、科技设备共用等领域，推进企业和高校之间的资源共建与共享，鼓励高校和企业联合开展重大科研攻关项目。

4.4.3 推动完善科技金融体系

三大湾区均拥有金融枢纽功能，其中，纽约是世界三大金融中心之一，旧金山是重要的区域金融中心，东京是亚洲金融中心。这些金融中心对资本产生虹吸效应，吸引国内外资金流入湾区，构建起庞大的金融机构集群。这些金融机构围绕湾区的产业发展需求，实施投融资模式创新，并不断开发新型服务模式，为推动湾区的产业发展提供了强力支撑。比如，旧金山湾区形成了由天使投资、风险投资和私募投资组成的完整的投资体系，对推动湾区初创企业的成长起到关键作用。在风险投资的影响下，旧金山湾区还出现了大量的孵化器、加速器等创新服务机构。纽约湾区则是典型的金融驱动型区域，凭借其雄厚的金融资本和极为便利的融资环境，有效推动了创新型企业的快速发展，其最大的特色就是与金融业结合紧密的新技术在研发、中试、转化、运用及推广等环节都有强大的资金保障。此外，随着科技的发展，纽约湾区涌现了一大批科技金融公司，这些公司的出现与高新技术产业的发展相互依存，致力于运用新技术和金融知识为中小型科技公司量身解决投融资难题，并进行资金管理环节的设计，成为加快湾区经济发展的驱动轮。

粤港澳大湾区应充分借助深港通的大机遇，加快推动粤港金融资源的对接与整合，形成金融资本规模效应。一是积极引导深港金融资本与珠三角创新企业对接，以多元化的科技融资模式创新带动珠三角创新企业的发展。二是加强科技金融商业模式的创新，扶持建设一批金融科技企业，推动其运用新一代的信息化技术为中小微科技企业量身打造投融资方案和进行资金管理流程设计，满足中小微企业的建设发展需求。三是探索风险投资机制创新，逐步扩大风险补偿范围，激发风险资金的积极性，形成良好的风险投资发展环境。

4.4.4 着力打造科技创新生态

从国外著名湾区的实践经验来看，良好的产业创新生态是湾区科技创新快速发展的重要保障，而打造良好的产业创新生态关键在于政府。世界主要湾区的政府通过改善湾区的法律制度，减少行政审批程序和成本，出台大量的减税降费政策，为企业成长和产业发展提供宽松和便捷的创新环境。同时，湾区政府非常重视吸引全世界的科技人才，为特殊人才和高技术人才制定各项人才优惠政策，用优厚的待遇和良好的研究环境吸引着大批科学家落户湾区，并通过培育开放包容、鼓励冒险的湾区创新文化，充分激发创新创业热情。比如，纽约市政府通过实行城市改造计划、众创空间计划、曼哈顿能源计划等多种措施营造城市的创新创业氛围，使得创意产业和科技创新型产业得以快速发展。旧金山湾区着力营造"自由""冒险""包容"的创新创业文化，有效激发了湾区的创新活力。同时，旧金山湾区还致力于推动知识产权等相关法律的制定与实施、努力消除贸易壁垒、提升对外来文化的包容度等，为产业健康发展营造了公平的市场环境。东京湾区则更加注重政府的总体引导，通过实施国际化、全方位、多渠道的引进科技人才机制，集聚全球科技人才资源，对湾区的创新生态建设起到重要的助推作用。

粤港澳大湾区要打造科技创新高地，需要大湾区内的各城市共同努力，增强城市内部的创新创业活力。一是要不断完善与知识产权相关的法规体系，加大知识产权行政执法力度和司法保护力度。二是要通过主动降税降费，减少行政审批程序和成本，为企业松绑。三是要制订粤港澳大湾区的引才计划，建立更加科学、务实、完善的知识型外籍人才引进机制和技术移民制度体系，提升大湾区对人才的吸引力。四是要学习纽约湾区的经验，由政府鼓励建设各种开放式办公空间，降低市民创新创业的门槛，并通过城市改造计划营造城市创新氛围。

第 5 章

粤港澳大湾区科技创新"双循环"生态系统的建设路径

粤港澳大湾区科技创新链条完善、产业链互补性强、创新生态环境不断优化、开放创新优势显著,但仍然存在基础研究能力有待提升、内外创新资源循环不畅、产业关键核心技术受制于人、产业发展未实现有效协同等问题。因此,构建粤港澳大湾区科技创新"双循环"生态系统,即以"广深港""广珠澳"科技创新走廊为轴的国内循环系统建设要着力提升源头创新能力,加强产业关键核心技术攻关,推动核心城市与周边城市的科技产业协同发展,营造良好的创新生态;以"一带一路"为核心的国际循环系统建设要发挥港澳的国际化优势,推动国际合作向创新链源头延伸。

5.1 构建以"广深港""广珠澳"科技创新走廊为轴的科技创新国内循环系统

5.1.1 粤港澳创新资源的现状分析

1. 香港

香港的科技创新资源丰富，拥有一批国际一流水平的大学和学科，基础研究能力较强。香港拥有香港大学、香港中文大学、香港城市大学、香港科技大学、香港理工大学、香港浸会大学、香港教育学院、香港演艺学院等高校，前 5 所大学跻身全球 100 强[1]，拥有 43 名两院院士[2]，在整个华南地区处于领先地位。其中，香港大学为世界一流大学，建有 5 家国家重点实验室的伙伴实验室（新发传染性疾病、脑与认知科学、肝病研究、生物医药技术、合成化学），在经济、金融、会计、生物医药、口腔医学、教育学、人文学科等领域有较强的科研实力，有亚洲的"常青藤"之称，其纳米光催化技术世界一流。香港中文大学建有 4 家国家重点实验室的伙伴实验室（消化疾病研究、华南肿瘤学、农业生物技术、植物化学与西部植物资源持续利用），细胞器生物合成、网络编码、中国历史人类学、植物与环境互作基因组、中医中药等是其优势学科。香港理工大学建有 2 家国家重点实验室的伙伴实验室（超精密加工技术、手性科学）、2 家国家工程技术研究中心香港分中心（钢结构、轨道交通电气化与自动化）和可持续城市发展研究院等科研平台，主要科研成果有相机指向机构系统、逆转抗癌药的抗药性、崭新治癌药物、数据中心光纤通信，其光纤技术和超声波传感技术位列世界前列。香港科技大学建有 2 家国家重点实验室的伙伴实验室（分子神经科学、先进显示与光电

---

[1] 数据来源：香港五所大学跻身全球百大，中国新闻网。
[2] 数据来源：广东省科学技术厅统计数据。

第5章 粤港澳大湾区科技创新"双循环"生态系统的建设路径

子技术)和2家国家工程技术研究中心香港分中心(人体组织功能重建、重金属污染防治),其大脑神经信息传递及蛋白质分子功能研究走在世界前列。香港浸会大学建有1家国家重点实验室的伙伴实验室(环境与生物分析)。香港城市大学建有2家国家重点实验室的伙伴实验室(毫米波、海洋污染)、1家国家工程技术研究中心香港分中心(贵金属材料),以及香港城市大学深圳研究院(研究前沿科学、工程和技术的基础理论和创新理念)。

香港在技术创新领域拥有五大研发中心,这五大研发中心分别是香港汽车零部件研发中心、香港应用科技研究院、物流及供应链多元技术研发中心、香港纳米及先进材料研发院、香港纺织及成衣研发中心,设有香港应用科技研究院(主要研究核心电子器件、基础软件产品和三维封装技术)、香港纳米及先进材料研发院(主要研究高速 III-V 电晶体和 3D 打印电子技术)、香港科技园公司(主要研究 3D SiP 系统、电动车和物流园区)等科研基地。其中,香港应用科技研究院建有1家国家工程技术研究中心香港分中心(专用集成电路系统)。

此外,香港作为国际金融中心,汇聚了全球众多的银行、保险、证券、风投、基金等行业的跨国金融巨头,拥有法律、管理咨询等方面的专业服务机构,科技服务基础好。香港科技园、新田科技城等园区载体的支撑,为企业创新发展提供了良好的生态环境。

专栏 1

香港科技园

香港科技园是为科技型企业提供创新创业服务的重要载体,园区占地约 0.22 平方千米,致力于为以科技为本的公司和活动提供一站式的基础设施及其他支持服务,是香港重要的科技创新基础设施。香港科技园提供合适的楼宇,供以科技为本的企业租用,从而创造一个有利的环境,培养世界级的企业群体。

香港科技园提供先进的实验室及共享设施，有助减少科技公司在产品设计及开发方面的资本投资，令新产品能以较低成本迅速打开市场。其中包括集成电路失效分析实验室、可靠性实验室、机械人技术促进中心及生物科技支持中心。香港科技园涉及的主要科技领域是生物医药、电子、绿色科技、信息及通信科技，以及物料与精密工程。在为企业提供基础科研设施的基础上，香港科技园围绕科技企业的成长周期，提供适用于不同企业发展阶段的服务计划，包括入驻前的科技企业家伙伴合作计划、Lion Rock 72 共同合作空间、科技企业家计划，以及入驻后初期的科技创业培育计划和发展成熟期的飞跃计划。所有服务计划囊括企业发展的各个阶段与各方面，为处于不同发展阶段的企业提供切实可行的创业支援服务。

资料来源：香港科技园官网。

专栏 2

新田科技城

新田科技城位于北部都会区中部的深圳湾优质发展圈内，总用地约 11 平方千米，其中科创用地约 2.4 平方千米，包括已在建设中的"港深创科园"和新增的"新田/落马洲"地区。按照可兴建的科创载体面积估算，新田科技城的建设规模相当于香港科技园的 16.5 倍，将容纳 14.8 万个科创产业职位、4.5 万个住宅单位。新田科技城聚焦科创企业及支援设施，形成完整的科创产业生态系统，具备科技创新、金融科技、科研教育、人才培训及综合支援等服务，将成为香港的"硅谷"。

1. 港深创科园

港深创科园与深圳皇岗口岸一河之隔，是香港与深圳协同发展科创产业的先导园区。园区聚焦医疗科技、大数据及人工智能、机械人、新材料、微电子及金融科技六大领域。2023年年初，园区一期8座楼宇开工建设，将于2024至2027年间分阶段落成。香港特区政府建议在园区内设立"InnoLife Healthtech Hub 生命健康创新科研中心"，整合香港现有的"InnoHK 创新香港研发平台"及24家与生命健康相关的实验室，以发挥全港顶尖生命科学机构的科研能力，推进香港的科创发展。

2. 新田/落马洲

香港特区政府在新田/落马洲一带大幅增加科创用地，以期推进其与港深创科园的协同效应，发挥更具规模效益的产业集群效应。新田/落马洲地区对接深圳河对岸的深港科技创新合作区深圳园区皇岗口岸片区。深港科技创新合作区深圳园区皇岗口岸片区是深圳市福田区着力打造的深圳都会核心区，是兼具国际影响力和辐射力的中央创新区、中央商务区和中央活力区。对香港而言，新田/落马洲地区与深圳皇岗将是新田科技城未来重点发展的科创区。

资料来源：《北部都会区发展策略》。

2. 澳门

澳门的科技资源主要集中在澳门大学、澳门科技大学、澳门理工大学和澳门城市大学4所高校。澳门大学是一所国际化综合性公立大学，拥有包括英国皇家工程院院士、美国电机电子工程师学会会士等在内的高素质教师队伍，在芯片、癌症、先进材料、人工智能、中医药、微电子等领域有深入的研究，设有中医药和智慧城市物联网的国家重点实验室。澳门科技大学的优势学科在于中药质量与创新药物、嫦娥卫星月球数据分析及月球与行星科学、系统工程、智慧城市、建筑与城市规划、人力资源与博彩旅游管理、澳门社会文化、艺术设计、澳门媒体研究等。澳门理工大学设有中西文化研究所、澳门语言文化研究中心、"一国两制"研究中心、葡语教学暨研究中心等科研机构。澳门城市大学设有澳门社会经济发展研究中心、澳门教育发展研究所、智慧旅游与博彩研究所、葡语国家研究院、数据科学学院、澳门"一带一路"研究中心、亚太商务研究中心等科研机构。除了高校资源，澳门生产力暨科技转移中心、联合国大学国际软件技术研究所、澳门创新科技中心，以及中药质量研究、仿真与混合信号超大规模集成电路、月球与行星科学等领域的国家重点实验室资源也为澳门的科技创新发展提供了支撑。

3. 广州市

广州市形成了以广州实验室和粤港澳大湾区国家技术创新中心为引领，以人类细胞谱系大科学研究设施和冷泉生态系统研究装置 2 个重大科技基础设施为骨干，以国家新型显示技术创新中心、4 家省级实验室、10 余家高水平创新研究院等重大创新平台为基础的"2+2+N"科技创新平台体系（见图 5-1）。截至 2021 年，广州市拥有国家重点实验室 21 家[①]，省级重点实验室 256 家，粤港澳联合实验室 10 家，国家工程中心 9 家，广东省工程中心 1766 家，省新型研发机构 63 家；在穗工作两院院士达 115 名，吸引徐涛院士、赵宇亮院士、施一公院士、王晓东院士等顶尖科学家前来创业，累计认定外籍高端人才 3234 名，发放人才绿卡 7600 余张；聚集广东省 80%的高校、97%的国家级重点学科，拥有中山大学、华南理工大学两所世界一流大学建设高校和 18 个"双一流"建设学科，华南理工大学广州国际校区、香港科技大学（广州）、中国科学院大学广州学院相继落户[②]。2021 年，广州市的本科院校省级以上重点学科、一流专业共有 929 个[③]，有 11 所高校进入 ESI 1%排名，74 个学科进入 ESI 1%排名，2 所高校进入 ESI 1‰排名，8 个学科进入 ESI 1‰排名。此外，广州市与新加坡、英国等国家的科技合作不断深化，国家级、省级国际科技合作基地达 67 个[④]。

---

① 广东省科学技术厅内部资料。
② 数据来源：《广州市科技创新"十四五"规划》。
③ 广东省科学技术厅内部资料。
④ 数据来源：《广州市科技创新"十四五"规划》。

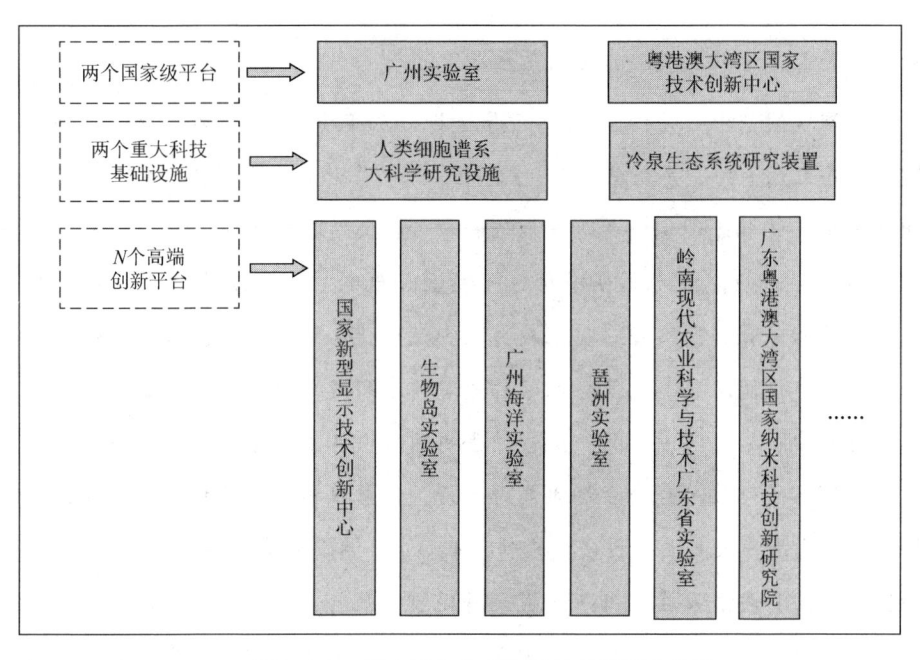

第 5 章 粤港澳大湾区科技创新"双循环"生态系统的建设路径

图 5-1 广州市"2+2+N"科技创新平台体系

> **专栏 3**
>
> **粤港澳大湾区国家技术创新中心**
>
> 粤港澳大湾区国家技术创新中心(简称"大湾区国创中心")是根据国家战略部署打造的跨区域、跨领域、跨学科、跨产业的 3 个综合类国家技术创新中心之一,是国家在粤港澳大湾区布局的战略科技力量、国家区域创新体系的"四梁八柱",于 2021 年 4 月 22 日在广州市揭牌成立。
>
> 大湾区国创中心以广东省人民政府为牵头建设主体,由清华大学等有关高校、科研院所、龙头企业和新型研发机构等共同参与建设,致力于打造粤港澳大湾区国际科技创新中心和粤港澳大湾区综合性国家科学中心成果转化的核心载体,在"基础研究+技术攻关+成果转化+科技金融+人才支撑"全过程创新生态链中发挥重要作用,支撑粤港澳大湾区打造具有全球影响力的科技和产业创新高地,打通从科技强到企业强、产业强、经济强的通道,让粤港澳大湾区成

为全国乃至全球科技成果转化的最佳地。

大湾区国创中心将按照"1+9+N"进行体系布局,建立"核心战略总部—王牌军—独立团"的"集团军体系"。其中,"1"是大湾区国创中心总部,在广州组建。总部首批建设集成电路技术创新中心、关键软件攻关基地、智能系统创新中心、粒子应用技术创新平台、生物医药创新中心和清华珠三角研究院等"5+1"平台体系,开展核心技术攻关、中试熟化和孵化育成,目前已明确各平台的牵头建设团队。"9"是独立运作兼具技术研发与成果转化能力的分中心,推动香港中心、澳门中心的建设,并已明确省内4家新型研发机构将成为首批"王牌军"。总部将对分中心提供品牌管理、政策支持、资源投入、股权投资等帮助。"N"是一批高水平科技成果转化载体。粤港澳大湾区科技成果转化基金、中国科学院科技成果转化母基金成果转化投资基金、粤港澳大湾区科技创新产业投资基金三支国字号基金也集中落户大湾区国创中心配套的基金大厦,重点支持科技成果转化,基金总规模达360亿元。

资料来源:广东省科学技术厅。

专栏 4

生物岛实验室

生物岛实验室成立于2017年12月22日,是广东省以培育国家实验室、打造国家实验室"预备队"为目标启动建设的首批省级实验室之一,于2019年6月获批为省级登记事业单位。

生物岛实验室面向国家和广东省重大战略需求,联合粤港澳大湾区优势科研单位和众多国际顶尖科研力量,瞄准干细胞与再生医学领域的前沿研究,布局再生医学前沿基础研究、临床创新研究、生物信息、生物安全研究及高端生物医疗器械耗材研发五大科研方向,邀请了24名国内外院士加入,引入人才1200余名、创新合作团队52个,建设了一支高水平研究队伍。

> 生物岛实验室立足国际化、高起点，致力于建设重大科技基础设施和平台，打造再生医学与健康前沿研究基地、临床应用基地、成果转化及产业化基地和高水平人才基地，推动生物医药与健康产业高质量发展。同时，生物岛实验室高度重视国际合作，积极搭建马普组织干细胞与再生医学研究中心等国际合作中心，深度参与粤港澳大湾区建设，争取成为粤港澳大湾区打造世界级科技创新中心的重要组成部分。
>
> 资料来源：生物岛实验室官网。

4. 深圳市

作为中国特色社会主义先行示范区，深圳市走出了一条"以产业创新牵引科技创新，以科技创新推动产业创新"的具有深圳特色的自主创新发展之路，构建了完整的全过程创新生态链。在以市场为驱动、以需求为导向的创新路径的指引下，深圳市孕育出华为、大疆、腾讯等一批世界级的创新型企业，形成了以企业为创新主体的创新体系，即90%以上的研发人员集中在企业，90%以上的研发资金来源于企业，90%以上的研发机构设立在企业，90%以上的发明专利来自企业。企业成为自主创新的中坚力量，汇集了绝大部分的创新资源。

改革开放40多年来，深圳市企业总数超过200万家，科技型企业超过3万家，国家高新技术企业超过1.7万家，创业密度全国第一，民营企业占95%以上，民营本土上市公司占90%以上[①]。此外，深圳市依托光明科学城的建设加速建设综合性国家科学中心，布局国家超级计算深圳中心、国家基因库等重大科技基础设施，推进鹏城实验室、深圳国家应用数学中心、粤港澳大湾区（广东）量子科学中心等重大创新平台的建设，打造了国家第三代半导体技术创新中心、国家5G中高频器件创新中心、国家高性能医疗器械创新中心等一批产业技术创新中心。深圳市重大科技创新平台如表5-1所示。广东省科学技术厅的官网显示，截至2020年年底，深圳

---

① 数据来源：汪云兴，何渊源. 深圳科技创新：经验、短板与路径选择[J]. 开放导报，2018（2）：55-56。

市已累计建设国家重点实验室 6 家、广东省实验室 4 家、新型研发机构 42 家、省级以上创新载体总计超 937 个。深圳市构建了企业牵头、高校和科研院所支撑、各创新主体相互协同的创新联合体，形成了高效、强大的共性技术供给体系，为创新人才和企业等主体营造了良好的创新创业生态，吸引了大批英才齐聚鹏城。截至 2022 年 10 月，深圳全市共有全职院士 86 名、高层次人才 2.2 万名、海内外高精尖缺团队 251 个、留学回国人员超过 19 万名，各类人才总量超 662 万名[①]。

表 5-1　深圳市重大科技创新平台

类　别	重大科技创新平台
重大科技基础设施	综合粒子设施、鹏城云脑三期、脑解析与脑模拟设施、材料基因组大科学装置、合成生物研究设施、精准医学影像大设施、深圳国家基因库（二期）、未来网络试验设施（深圳中心）、国家超级计算深圳中心（二期）、特殊环境材料器件科学与应用研究装置等项目
前沿交叉研究平台	光明科学城大数据中心、深圳中国计量科学研究院技术创新研究院、高端科研仪器研制中心等
国家和省级实验室	鹏城实验室、深圳湾实验室、人工智能与数字经济广东省实验室（深圳）、岭南现代农业科学与技术广东省实验室深圳分中心等

资料来源：《深圳市国民经济和社会发展第十四个五年规划和二〇三五年远景目标纲要》。

专栏 5

光明科学城

光明科学城北起深莞边界，东部和南部以光明区辖区为界，西部以龙大高速和东长路为界，规划总面积为 99 平方千米。光明科学城作为加强基础科学研究、提升源头创新能力的核心引擎，以"开放创新之城、人文宜居之城、绿色智慧之城"为建设目标，建设高端科研、高等院校、高尚社区、高新产业、高端人才集聚的全球科技创新高地，成为粤港澳大湾区国际科技创新中心的核心

---

① 中国经济网：深圳举办 2022"全球创新人才论坛"。

功能承载区和综合性国家科学中心的重要组成部分，代表国家参与全球科技竞争与合作。

1. 打造策动原始创新的"理想地"

光明科学城肩负着基础研究和应用基础研究方面破题先行的重任。作为大湾区综合性国家科学中心的先行启动区，光明科学城聚焦信息、生命、新材料三大学科领域，集中布局鹏城云脑三期、国家超级计算深圳中心（二期）、脑解析与脑模拟、合成生物研究平台等9个重大科技基础设施，10个前沿交叉研究平台，深圳湾实验室、人工智能与数字经济广东省实验室（深圳）两家实验室，中山大学深圳校区、深圳理工大学两所研究型高校，共23个重大科技创新载体，推动形成国际化前沿技术研发机构群，策动原始创新，加快成为重要的国家战略科技力量。

2. 探路科研经济"光明路径"

光明科学城建立"需求方出题、科技界答题"机制，推动企业与科研机构通过采取组建创新技术中心、联合实验室、技术合作等方式协同开展关键核心技术攻关。目前，深圳湾实验室与医药企业、医疗企业开展深度科研合作，共建百瑞创新中心，推进药物研发成果的转化。

在加快成果转化方面，光明科学城建设光明国际技术转移转化中心，打造七大中试验证和成果转化基地，完善科研成果转化创新体系，并建立面向设施使用企业的定制化服务中心，推动科技创新成果更多、更好地被应用。

3. 完善创新生态系统

深圳市光明区不断完善上层架构，制订光明科学城总体发展规划，出台《关于建立健全光明科学城资助政策体系的若干意见》等多个综合性政策、专项政策，极大激发了全区创新、创业、创造的活力。光明区大力支持合成生物产业发展，于2021年10月出台合成生物专项扶持政策。2021年8月，光明区印发支持脑科学与类脑智能的专项政策文件，进一步促进脑科学与类脑智能领域相关企业、科研机构、产业平台、赛事峰会等的集聚，推动创新链与产业链深度融合。系列政策的出台，不仅加快了光明科学城创新生态的构建，赋予光明科学城更强劲的创新动能，还体现出光明区坚持创新驱动发展战略的决心。

光明区编制了光明科学城中长期人才发展规划和急需紧缺人才引进目录，构建了"规划+计划+办法"人才政策体系，实施人才服务提升行动，建立了10个大类、22个细分领域的人才服务体系，从人才住房、子女教育、医疗保障、线上线下服务等方面提供支持。2021年，全区高层次人才、博士研究生人才、留学归国人员总量实现3个倍增，向光明科学城重点人才配租住房3161套，发放新引进人才租房补贴8114万元。

资料来源：《人民日报》（2022年9月19日16版）、《光明科学城空间规划纲要》。

专栏 6

鹏城实验室

鹏城实验室是集突破型、引领型、平台型于一体的网络通信领域的新型科研机构。作为国家战略科技力量的重要组成部分，鹏城实验室聚焦宽带通信、新型网络、网络智能等领域的国家重大战略任务，以及粤港澳大湾区、中国特色社会主义先行示范区建设的长远目标与重大需求，按照"四个面向"的要求，开展领域内战略性、前瞻性、基础性重大科学问题和关键核心技术的研究。

鹏城实验室坚持以重大任务攻关和重大科技基础设施与平台建设为牵引，以科技创新和体制机制创新为主线，深入探索社会主义市场经济条件下关键核心技术攻关的新型举国体制，打造了一支由院士专家、杰出领军人才、中青年骨干、博士生团队组成的多层次合理人才队伍，建成了以"鹏城云脑""鹏城靶场"为代表的若干重大科技基础设施与平台，发布了"丝路"多语言机器翻译平台、"鹏程·盘古"中文预训练语言模型等一系列重大应用。

鹏城实验室以重大基础设施为支撑，以重大攻关项目为核心，探索出"重点项目+基础研究"双轮驱动的特色科研模式；积极推进合作共建与资源共享，构建协同创新体系，与全国150余家高校、科研机构、龙头企业开展深度合作；与北京大学、清华大学等高校执行联合培养博士生的国家专项计划，开创了兼具各校特色的博士生培养新路径和"书院制"育人新模式，近两年来共招收300余名联培博士生。

截至2022年，鹏城实验室各项研究任务进展顺利，"三纵三横"科研攻关不断取得阶段性成果。"鹏城云脑二期"已实现全球IO500总榜单五连冠、AIPerf500排行榜连续三届第一，落户在深圳市光明科学城的"鹏城云网设施"项目不断取得新进展；第三代音视频编解码标准AVS3被国际数字视频广播组织（DVB）纳入核心规范，促进了世界4K/8K超高清产业的整体发展；我国首个Q/V频段星地通信试验系统被成功研制并运行，填补了我国在相关领域的研究空白；EAGLE 6G被评为"2022年世界互联网领先科技成果"；"中国算力网"构建了我国数字经济的算力底座，为支撑"东数西算"工程贡献了力量；"鹏城硅光"将我国未来光通信核心芯片及器件的研发水平推向国际前沿。

资料来源：鹏城实验室官网。

5. 其他七市

1）佛山市

佛山市搭建了完善的技术创新体系，联合高校、科研院所等创新主体推动新型研发机构、产业创新平台的建设，与中国科学院、中国工程院、清华大学、香港科技大学等多家科研院所和高校共建了一批高水平创新平台，集聚了以季华实验室为龙头的优质科研创新资源。佛山市打造了以智能制造业为主的省级新型研发机构24家，涵盖了智能装备、人工智能、机器人制造等领域，建有仙湖实验室、803家省级以上工程技术研究开发中心[①]。依托国内外数控装备和智能制造技术领

---

① 数据来源：《佛山市科学技术发展"十四五"规划》。

先的科研院校，佛山市建设了清华大学佛山先进制造研究院、广工大数控装备协同创新研究院、佛山智能装备技术研究院、华南智能机器人创新研究院、佛山中国科学院产业技术研究院、广东三水合肥工业大学研究院等数控装备和机器人重大产业创新平台，成功孵化出新鹏机器人、泰格威德机器人、万世德机器人、安川机器人、华数机器人、登奇机电等近30家机器人领域的高科技公司。此外，佛山通过建设三龙湾科技城，集聚了以美的、碧桂园为代表的一批实力雄厚、具有国际视野的民营企业，拥有全市顶级科研创新资源，汇聚了粤港澳合作高端服务示范区、广东金融高新区、潭洲国际会展中心等一批新兴业态成长平台。

专栏 7

季华实验室

季华实验室（先进制造科学与技术广东省实验室）作为广东省委、省政府启动的首批4家广东省实验室之一，是广东省政府批准设立的事业单位，主要依托中国科学院长春光学精密机械与物理研究所、中国科学院微电子研究所、中国科学院苏州生物医学工程技术研究所、清华大学、复旦大学、广东工业大学、佛山科技学院、美的集团、长光华芯等国内知名科研院所、高校和企业进行建设。季华实验室面向世界科技前沿和国民经济主战场，围绕国家和广东省重大需求，集聚、整合国内外优势创新资源，力争打造先进制造科学与技术领域国内一流、国际高端的战略科技创新平台。季华实验室以"顶天立地、全面开放、以人为本、注重实效"为建设原则，以打造一支扎根佛山市的科研队伍、搭建一个国际高端的科研平台、沉淀一批自主可控的核心技术、带动一方创新驱动的新兴产业为建设期主要任务。季华实验室先期确定了光学工程、机械工程、电子科学与技术、计算机科学与技术、材料科学与工程及生物医学工程6个学科方向，部署了机器人及其关键技术、半导体技术与装备、高端医疗装备、新型显示装备、先进遥感装备、增材制造、新材料新器件研究、微纳制造8个研究方向。季华实验室根据学科方向和研究方向成立了4个研究部室，启动了信息中心、测试中心、总装中心和科技期刊4个公共支撑平台的建设。在人才集聚方面，季华实验室拥有固定研发人员超630人，其中，博士230名，全职、双聘院士10余名，领军人才32名[①]。

专栏 8

仙湖实验室

仙湖实验室（先进能源科学与技术广东省实验室佛山分中心）由佛山市人民政府、武汉理工大学、佛山市南海区人民政府合作共建，是广东省重点建设的省级实验平台。武汉理工大学是仙湖实验室的主承建单位，清华大学、浙江大学、南京大学、西安交通大学是仙湖实验室的共建单位，佛山市氢能产业10家骨干企业是仙湖实验室的战略合作单位。仙湖实验室致力于以氢能、燃料电池等新能源、新材料的国家产业发展需求为导向，集聚、整合国内外高端创新资源，打造新能源与新材料等领域国内一流、国际领先的战略科技创新平台。仙湖实验室的发展目标是打造"5个中心"：世界氢能技术研发中心、国家氢能转移与辐射中心、氢能高端人才汇集与国际交流中心、国家氢能领域大学生创新创业中心、氢能领域高科技企业孵化中心，发展成为面向国际、聚焦前沿、充分开放的战略科技平台。实验室一期建设（2020—2022年）投资18.8亿元，建有一流水平的支撑原创性研究和核心技术研发的七大支撑平台、8家专业实验室，建有广东省院士工作站、博士后科研工作站，形成了以院士为核心、以国家级高端人才为骨干的科研人才队伍。在人才集聚方面，仙湖实验室拥有全职、双聘院士7名，领军人才14名，副高级以上研究人员56人[②]。

---

① 数据来源：《佛山市科学技术发展"十四五"规划》。
② 数据来源：仙湖实验室官网。

2）东莞市

长期以来，东莞市以制造业为立市之本，科技创新已成为东莞市社会转型发展的第一动力。经过多年发展，东莞市初步构建了以"源头创新—技术创新—成果转化—企业培育"为核心的全链条创新体系，科技创新能力显著提升。东莞市以松山湖科学城为创新主阵地，建设了中国散裂中子源、南方先进光源、先进阿秒激光装置等一批重大科技基础设施，建有东莞理工学院、广东医科大学、广东科技大学、东莞职业技术学院四所高校，拥有在建高校两所，分别为大湾区大学（松山湖校区）和香港城市大学（东莞），形成了以松山湖材料实验室为核心的实验室体系，源头创新能力不断增强。东莞市的主要科技创新平台如表5-2所示。

表5-2　东莞市的主要科技创新平台

类　　别	主要科技创新平台
高校	东莞理工学院、广东医科大学、广东科技大学、东莞职业技术学院、香港城市大学（东莞）、大湾区大学（松山湖校区）
重大科技基础设施	中国散裂中子源、南方先进光源、先进阿秒激光装置
实验室体系	松山湖材料实验室、东阳光抗感染新药研发国家重点实验室、广东省医学分子诊断重点实验室、广东省分布式能源系统重点实验室、广东省制造装备数字化重点实验室
技术创新平台	新型半导体前沿技术创新平台、金属材料制备及精密成形技术创新平台、东莞材料基因高等理工研究院、新药创制研究开发平台、精准医疗与基因测序平台、运动健康科学实验平台、广东省先进光纤应用工程技术研究中心、电子电路基材技术创新平台、智能无线射频技术研究平台、松山湖新一代通信产业研究院、广东省智能机器人研究院、东莞松山湖国际机器人研究院、东莞人工智能产业技术研究院、清洁能源材料研究与测试平台、新能源研究院

资料来源：《东莞市科技创新"十四五"规划》、松山湖高新区内部资料。

同时，东莞市还搭建了完善的技术创新体系。截至2020年，东莞市新型研发机构达33家，省级工程技术研究中心达439家，科技企业孵化器达118家（国家级25家），众创空间达73家（国家级24家），国家级高新技术企业的数量达6385家。在创新载体的支撑下，高端创新人才不断向东莞市汇聚。2020年年底，东莞市的双聘院士有16名，省领军人才有14名，"广东特支计划"入选者有19名，国务院政府特殊津贴专家有 33 名,省创新科研团队数量居全省地级市第一[①]。

> **专栏 9**
>
> ### 中国散裂中子源
>
> 中国散裂中子源是我国在"十一五"期间重点建设的十二大科学装置之一,将为我国材料科学技术、物理、化学化工、生命科学、资源环境和新能源等提供一个先进、功能强大的科研平台,成为继英国散裂中子源、美国散裂中子源和日本散裂中子源之后全世界第四台脉冲型散裂中子源。中国散裂中子源一期工程主要包括 1 台负氢离子直线加速器、1 台快循环质子同步加速器、2 条束流输运线、1 个靶站、3 台谱仪(小角散射仪、多功能反射仪和通用粉末衍射仪),以及相应的配套设施和土建工程。根据不同中子谱仪设计对慢化器、中子飞行距离和中子探测器所需空间的要求,中国散裂中子源二期工程将在已建成的 3 台谱仪的基础上,建设 11 台中子谱仪和实验终端,力求实现空间尺度微(介)观结构和能量尺度最大范围的覆盖,满足高精度测量及动力学、中子物理和技术基础等方面的研究。在 11 台中子谱仪中,有 9 台各具特色的中子谱仪,它们分别是单晶衍射仪、背散射非弹性谱仪、逆几何化学谱仪、高能直接几何非弹性谱仪、低能直接几何非弹性谱仪、直接几何极化非弹性谱仪、准弹性中子散射谱仪、液体反射仪、中子物理谱仪,还有 2 台合作谱仪。同时,升级加速器束流功率到 500kW,升级靶站以满足 500kW 束流功率运行的要求,改造和建设配套的通用设施和土建工程。建设我国首个缪子源研究装置,其核心部分包括高重复频率极弱质子束平台和缪子源平台。建设符合国际标准的空间辐射效用试验专用的 300~500MeV 中低能质子束应用平台。
>
> 资料来源:中国散裂中子源工程官网。

[①] 数据来源:《东莞市科技创新"十四五"规划》。

科技创新"双循环"生态系统：基于粤港澳大湾区的实践与探索

> **专栏 10**
>
> **松山湖材料实验室**
>
> 松山湖材料实验室于2017年12月22日启动建设，于2018年4月完成注册，是广东省第一批省实验室之一，布局有前沿科学研究、公共技术平台和大科学装置、创新样板工厂、粤港澳交叉科学中心四大核心板块，探索形成"前沿基础研究→应用基础研究→产业技术研究→产业转化"的全链条创新模式，发展成为具有国际影响力的新材料研发南方基地、国家物质科学研究的重要组成部分、粤港澳交叉开放的新窗口。
>
> 打造材料研究开放平台。建设综合性用户开放平台，针对材料设计、制备、加工、表征、测量、模拟，建设中子科学平台、材料制备与表征平台、微纳加工平台、材料计算与数据库平台，以及面向"材料智造"的大科学装置，为大学、科研机构、企业提供通用性技术服务。
>
> 开展前瞻性基础研究。聚焦材料领域重大科学问题，参与国家重大科技项目、国家重大工程、国家重点研发计划，围绕超导材料、新兴磁性材料、金属材料、低维材料、量子计算核心材料、生物医学材料、高压新材料等领域，开展前沿科学研究，在材料科学领域取得一批具有国际影响力的研究成果。
>
> 共建研发平台。与高校、科研院所、大型企业和重点创新型企业合作共建研发平台，围绕新材料、信息技术、生命科学等领域，共建一批联合实验室和重点企业研究院，推动科研资源共享，发挥产学研协同作用，攻克一批半导体材料、新能源材料、生物医药材料等领域的关键核心技术，促进相关领域产业升级。
>
> 创新成果转移转化模式。依托创新样板工厂，开展产业技术研究与产业转化，在松山湖功能区内寻找转移转化空间，将实验室科技成果在样板工厂内进行小试、中试孵化，并与社会资本相结合，持续培育一批有发展潜力的新材料高科技企业。建立"人才+技术+资本+服务"四位一体的科技成果转化模式，打

通从基础科学发现、关键技术突破到产业应用前期的完整创新链，积极推动材料科学重大原创性突破和重大成果的转移转化，实现对科技型企业的科技供给。

参与国际重大科技合作。依托"粤港澳交叉科学研究中心"，建设高水平、长期、稳定的国际学术交流和合作研究平台，以材料科学为核心，面向生命、能源、先进制造、人工智能等多学科的交叉，持续关注国内外相关科学前沿技术和最新动态，开展交流合作，提供创新思想和源泉，吸引人才聚集，促进高学术水平研究工作的开展，参与国际大科学计划和大科学工程任务。

聚集和培养材料科学领域一流人才。通过与中国科学院共建实验室，引入中国科学院高端顶尖人才资源。完善人才双聘机制，吸引并聚集国内外相关领域高水平的科学家和工程师。加强和周边高校、科研院所的合作，共同培养综合性高端科技人才。以材料科学为核心，打造相关领域一流人才高地，并形成高端人才向外输出和辐射的良好局面。

建立与国际接轨的科技创新管理制度。建立国际评价制度，聘请海内外专家对实验室研究团队进行全面评估，指导实验室的研究方向和长远发展，形成周期固定、优胜劣汰的人才进出机制，保证高水平人才的聚集度与活力。设立实验室主任基金，用于支持实验室相关领域基础前沿研究方向培育、青年人才培养、国际合作与交流等。统筹中国科学院材料领域的优势力量参与实验室建设，扩展实验室科研及产业化的方向，提升实验室的整体科研实力。采用院、省、市共同投入的方式，积极引入社会资本，拓宽实验室的资金投入渠道。

资料来源：松山湖材料实验室提供。

3）珠海市

近年来，珠海市不断加大研发投入，2020 年全社会研发经费支出占 GDP 的比重达 3.26%，居全省第三，每万人口发明专利拥有量为 93.9 件，居全省第二。截至 2020 年年底，珠海市拥有国家级工程技术研究中心 4 家、省级 284 家、市级 149 家；拥有国家级企业技术中心 8 家、省级 132 家、市级 423 家；拥有国家地方联合工程研究中心3家、各级新型研发机构35家,其中省级新型研发机构16家;拥有众创空间36家、科技企业孵化器36家,孵化器总面积达74.18万平方米。珠海高新区入选国家大众创业万众创新示范基地,汇聚了大量优秀人才。截至2020年年底,珠海人才总量约70万名,人才净流入率约6.1%,位居珠三角首位。其中,高端人才近6万名,高端人才数量位居全省地级市前列。截至2020年年底,在珠海市工作的院士近30名,外国专家超2000名,博士超4500名,硕士超25000名,留学回国人员超12000名;普通高等学校全日制在校生规模为14.38万人,排名全省第二。

依托地理位置优势,珠海市积极融入粤港澳大湾区国际科技创新中心的建设,珠海市政府与澳门科技大学签订了框架合作协议,引进澳门国家重点实验室在横琴设立分部,澳门大学、澳门科技大学在珠海市设立研究院,国家海外人才离岸创新创业基地落户横琴。珠海市与港澳高校等共建港澳科技成果转化基地,打造港澳人才"1元创业空间",在珠海市注册登记的港澳资企业超12400家,其中澳资企业突破6000家。同时,珠海市还深化与"一带一路"沿线国家的科技合作,成功举办中国—拉美国际博览会、中以科技创新投资大会,引进中德(珠海)人工智能研究院、中以加速器等国际化创新平台落户[①]。

4)中山市

中山市深入实施创新驱动发展战略,持续加大科技创新投入,创新综合实力稳步提升。其中,科技投入快速增长,"十三五"期间中山市地方财政科技投入累计达169.75亿元,占一般公共预算支出的比重在珠三角排位靠前。科技创新产出成果显著,2021年,全市专利授权总量为4.15万件,发明专利授权量为1546件,每万人发明专利拥有量为24.5件[②]。中山市不断聚集高水平科研机构,打造国家和省市级科技创新平台,中山光子科学中心和中山先进低温技术研究院两大科技

---

① 数据来源:《珠海市科技创新"十四五"规划》。
② 数据来源:《2021年中山市国民经济和社会发展统计公报》《中山市国民经济和社会发展第十四个五年规划和2035年远景目标纲要》。

基础平台落户中山，吸引中国科学院药物创新研究院中山研究院、哈工大机器人（中山）无人装备与人工智能研究院等一批高端研发平台落地。企业创新能力明显增强，2021年，中山市高新技术企业数量达到2294家，高企树标提质成效显著。企业研发机构数量大幅增加，规模以上工业企业研发机构覆盖率超过40%，拥有省级企业重点实验室7家、省级新型研发机构9家、省级工程技术研究中心352家、国家企业技术中心5家、省级企业技术中心109家[①]。

5）江门市

近年来，江门市积极参与国家和广东省重大科技基础设施集群建设，建设了中国科学院（江门）中微子实验站等重大科技基础设施，加快推进五邑大学高水平理工科大学的建设，不断推进新型研发机构、实验室等创新平台的建设，推动企业研发机构发展壮大，使企业创新主体的地位不断增强，形成以企业为主体，多层次、全链条、广覆盖的支撑城市高质量发展的区域创新体系。具体包括江门市与香港科技大学共建"双碳"实验室，打造绿色低碳技术研发及产业发展的科创中心，建设数字光芯片联合实验室、华南生物医药大动物模型研究院、广东省科学院江门产业技术研究院等重点科技创新平台。2020年，江门市省级工程技术研究中心达397家，规模以上工业企业研发机构覆盖率为61%，居全省第一[②]。江门市全社会研发经费占GDP的比重达2.45%，全市财政科技投入达16.73亿元；高新技术企业存量达1845家，年均增速居全省第一；新材料、大健康、高端装备、新一代信息技术、新能源汽车及零部件等五大新兴产业规上工业总产值超2100亿元，先进制造业、高技术产业占规上工业增加值的比重分别达到39.4%和11.8%[③]。同时，江门市享有"中国第一侨乡"的美誉，祖籍为江门市的华侨、华人和港澳台同胞近400万人，遍布全球107个国家和地区，拥有海内外"两个江门"的人缘优势。作为"21世纪

---

① 数据来源：《2021年中山市国民经济和社会发展统计公报》《中山市国民经济和社会发展第十四个五年规划和2035年远景目标纲要》。
② 数据来源：《江门市国民经济和社会发展第十四个五年规划和2035年远景目标纲要》。
③ 数据来源：同上。

海上丝绸之路"的重要节点,江门市拥有独特的人缘、地缘、亲缘优势,这为其吸引海内外人才奠定了坚实的基础。

6)惠州市

惠州市创新能力稳步提升,2020年全社会研发经费投入达126.5亿元,占GDP的比重达到3.0%;有效发明专利达8612件,每万人发明专利拥有量为17.65件。惠州市加快建设重大科技基础设施集群,正稳步推进加速器驱动嬗变研究装置、强流重离子加速器装置等大科学装置的建设。全市建成科技企业孵化器44家,其中国家级7家,建有省级新型研发机构10家。惠州市拥有国家高新技术企业1628家,规模以上工业企业3030家,实现产值5亿元以上工业企业研发机构全覆盖,规模以上工业企业研发机构覆盖率达51.65%[①]。创新型产业集群逐渐发展壮大,高技术制造业、先进制造业的规模以上工业增加值占全市规模以上工业增加值的比重分别为43.8%和64.2%[②],对经济增长的促进作用显著。创新载体稳步发展,仲恺高新区"357创新产业带"建设取得进展,确立了新"4+1"产业体系。潼湖生态智慧区上升为省重大发展战略平台,碧桂园创新小镇等项目顺利推进,助推"惠州制造"向"惠州创造"转型升级。

7)肇庆市

肇庆市持续实施创新驱动发展战略,2020年,肇庆市地方财政科技投入达10.16亿元,全市高新技术企业达693家;大力实施"西江人才计划",建成全省首家省市共建人才驿站,累计引育西江创新创业团队25个、领军人才14名;成功设立岭南现代农业科学与技术广东省实验室肇庆分中心,实现省实验室和省级农业科技园区建设"零"的突破[③];依托肇庆学院建设全市首家学科类省重点实验室——广东省环境健康与资源利用重点实验室;拥有省级以上科技创新平台载体

---

① 数据来源:《惠州市科技创新"十四五"规划》。
② 数据来源:《惠州市国民经济和社会发展第十四个五年规划和2035年远景目标纲要》。
③ 数据来源:《肇庆市科技创新"十四五"规划》。

162 个，省级新型研发机构 5 家、市级 21 家[①]。为加快推进产业创新发展，肇庆市加速构建"4+4"产业体系，即新能源汽车及汽车零部件、电子信息、生物医药、金属加工 4 个主导产业，以及建筑材料、家具制造、食品饮料、精细化工 4 个特色产业，其中，新能源汽车及汽车零部件等 4 个主导产业在"十三五"期间合计实现产值 1346.99 亿元，建筑材料等 4 个特色产业在"十三五"期间合计实现产值 859.41 亿元[②]。此外，肇庆市依托"2+4+N"产业平台完善产业创新载体建设，即以肇庆高新区、肇庆新区为两大核极，以西江高新区、金利高新区、四会高新区和经济开发区、端州三榕工业园双龙片区经济开发区为四大支点，建设 N 个特色鲜明、集聚效应较强的制造业专业园区。

5.1.2 对策建议

"广深港""广珠澳"科技创新走廊是粤港澳大湾区创新资源的集聚区，以此为轴构建科技创新国内循环系统，能够进一步发挥港澳的金融优势和科技优势，增强广深"双城联动"效应，强化国家战略科技力量，为实现科技自立自强提供有力支撑。

1. 优化湾区创新的空间布局，提升协同创新发展水平

以香港、澳门、广州市、深圳市四大创新极核为引领，发挥四大中心城市的创新策源能力和产业发展比较优势，以"广深港""广珠澳"两廊为轴辐射带动珠三角其他七市的科技产业发展，实现粤港澳大湾区协同创新发展。

1）发挥"广州—深圳—香港—澳门"的创新核心引领作用

香港、澳门、广州市、深圳市四大中心城市是粤港澳大湾区发展的核心引擎，技术创新策源能力强，创新网络规模大，产出较高，区域创新生态良好，战略性

---

① 数据来源：《肇庆市科技创新"十四五"规划》。
② 数据来源：《肇庆市国民经济和社会发展第十四个五年规划和 2035 年远景目标纲要》。

新兴产业发展成效显著。要继续发挥四大中心城市的比较优势，增强其对周边区域发展的辐射带动作用，更好地将四大中心城市的创新成果在珠三角地区推广和应用，实现资源高效配置。

香港要围绕打造国际创新科技中心，巩固和利用国际金融中心的地位，以及高度市场化与国际化的知识产权保障制度、简单透明的税制、基于法治的自由经济等开放性优势，进一步夯实科研根基与创科基建，聚集全球科技创新资源，吸引世界各地的高端创新科技人才，依托高校开展基础研究与前沿科技研发，积极对接国家重大战略需求，着力攻克关键核心技术，加强科技成果转化应用，实现"香港基础研究+深圳应用转化"。此外，香港还应依托香港科技园、新田科技城等园区和平台，加强与深圳市、广州市乃至整个粤港澳大湾区的产学研创新协同发展，带动自身的再工业化，引领粤港澳大湾区在全球科技创新竞争态势中突围而出，成为我国与世界其他国家展开高科技竞争的优势一极。

澳门要立足资源禀赋和发展基础，大力推进横琴粤澳深度合作区的建设，将科技创新作为推动澳门经济适度多元发展的重要切入点，推动科技创新与产业发展相结合，重点发展科技研发和高端制造产业、中医药产业、文旅会展商贸产业、现代金融产业"四新产业"。此外，澳门还应着力开展与葡语国家的技术转移和金融服务合作。

广州市要充分发挥在科技资源、创新平台和高层次人才等方面的优势，着力强化粤港澳大湾区的核心引擎功能，积极对接国家战略科技力量布局，加强基础研究，实现科学引领产业发展，以体制机制改革为突破口，促进科技创新规则衔接和要素流动，共建"广深港"和"广珠澳"科技创新走廊。

深圳市要发挥粤港澳大湾区科技创新主阵地的作用，大力推动大湾区综合性国家科学中心的建设，打造以国家实验室为龙头的战略科技力量，探索全球创新引领型城市的基础研究模式，布局战略性新兴产业，培育发展未来产业，提高配置全球创新资源的能力，深度参与全球创新治理，有效应对国际科技封锁，切实增强国际科技话语权，探索科技开放合作的新模式、新路径、新范式，构建开放型区域协同创新共同体。香港、澳门、广州市、深圳市的基础优势与发展战略如表 5-3 所示。

表 5-3　香港、澳门、广州市、深圳市的基础优势与发展战略

城　　市	基 　础　 优　 势	发　 展　 战　 略
香港	拥有一批国际一流水平的大学和学科，基础研究能力较强； 香港自由港政策对国际科研资源保持了较大的吸引力； 汇聚了全球众多的银行、保险、证券、风投、基金等行业的跨国金融巨头，以及法律、管理咨询等方面的专业服务机构，科技服务基础好	打造国际创新科技中心。 ——积极主动对接河套、前海等重大科技创新平台建设； ——加强基础研究，实现在粤港澳大湾区的应用转化； ——加快引入国内外创新人才、融资基金、研发信息、科技服务等创新资源； ——做好内地与国际的"转接口"，为提升我国企业在国际标准制定中的话语权和主导权贡献力量
澳门	澳门是我国与葡语国家开展商贸合作的重要服务平台； 形成了以国家重点实验室及高等院校为核心创新主体的科创生态，拥有 10 所高等院校和 4 个国家重点实验室，而且在中医药、物联网、太空技术等领域具有一定的优势	建设横琴粤澳深度合作区，将科技创新作为推动澳门经济适度多元发展的重要切入点。 ——布局建设一批发展急需的科技基础设施，构建技术创新与转化中心，推动横琴粤澳深度合作区打造粤港澳大湾区国际科技创新中心的重要支点； ——发展科技研发和高端制造产业、中医药产业、文旅会展商贸产业、现代金融产业"四新产业"
广州市	聚集全省 80% 的高校、97% 的国家级重点学科； 构建了以广州实验室和粤港澳大湾区国家技术创新中心两大国家级平台为引领，以两个国家重大科技基础设施为骨干，以国家新型显示技术创新中心、4 家省实验室、10 余家高水平创新研究院等重大平台为基础的"2+2+N"科技创新平台体系； 拥有众多高层次人才，其中两院院士达 115 名	打造世界重大科学发现和技术发明先行之地、国际科技赋能老城市新活力的典范之都、全球极具吸引力的高水平开放创新之城。 ——建立世界级自主创新平台。加快布局重大科技基础设施，完善科研体制机制，打造国际科技创新中心； ——建立世界级协同创新平台。深化粤港澳创新合作，推进"广深港""广珠澳"科技创新走廊建设，发挥广深"双城联动、比翼双飞"的作用，推进"一核一带一区"协同创新平台建设； ——建立世界级开放式创新平台

续表

城 市	基 础 优 势	发 展 战 略
深圳市	构建了"基础研究+技术攻关+成果转化+科技金融+人才支撑"的全过程创新生态链； 打造了世界一流的光明科学城，布局重大科技基础设施、鹏城实验室，推进深圳国家应用数学中心、粤港澳大湾区（广东）量子科学中心等重大创新平台的建设，高标准建设综合性国家科学中心； 企业成为自主创新的中坚力量，孕育出华为、大疆、腾讯等一批创新型企业	打造粤港澳大湾区创新高地和具有全球影响力的国际科技创新中心。 ——在建设粤港澳大湾区的背景下，更好地深化深港澳合作，促进港澳融入国家发展大局； ——打造国际创新创意之都，加强源头创新和开放创新，集聚国际国内科技资源，提升城市科技发展能级，为建设创新型国家提供支撑； ——加快城市经济发展，提升深圳市在粤港澳大湾区乃至更大区域范围内的竞争地位

2）以"广深港""广珠澳"科技创新走廊为轴打造科技产业应用圈层

充分发挥珠海市、佛山市、惠州市、东莞市、中山市、江门市、肇庆市的产业创新优势，积极承接香港、澳门、广州市、深圳市四大中心城市的创新成果，聚集创新资源，以"广深港""广珠澳"科技创新走廊为轴，加强粤港澳大湾区的成果应用与产业对接，促进产业链上下游深度合作，提高科技产业协作发展水平。

在"广深港"科技创新走廊方面，在广州市、深圳市、香港的辐射带动下，积极发挥东莞市、惠州市等走廊沿线城市的创新引领作用：将东莞市建成国内领先的创新型城市、粤港澳大湾区创新创业基地、华南科技成果转化中心，推动区域产业创新升级；将惠州市打造成特色型产业（电子信息、石化、物流等）创新基地、世界级云计算智能终端产业集聚区、高新技术成果转化基地，推进区域产业转型升级。"广深港"科技创新走廊依托重点创新平台（见表5-4），创新"广深港"的科技合作机制和模式，推动创新资源开放共享、创新要素自由流动、创新主体协同合作，营造国际一流的创新生态；积极发展新一代信息网络、人工智能、金融科技、生物医药、新材料等产业，辐射带动粤东、粤北地区的创新发展。

在"广珠澳"科技创新走廊方面，以广州市、澳门为核心，带动佛山市、中山市、江门市、肇庆市、珠海市等城市的创新发展：将佛山市打造成辐射西南地区的创新驱动先锋城市、珠江西岸先进装备制造业产业带的创新引擎、华南科技金融产业融合创新中心；将中山市打造成国家创新型城市、国际科创和金融中心拓展区，使之成为珠江西岸创新创业高地，支持翠亨新区逐步发展为国家级战略平台；将江门市打造为粤港澳大湾区西岸产业创新基地、"小微企业+华人华侨"双创示范区；将肇庆市打造成粤港澳大湾区与大西南科技产业链接中心、重要区域创新节点、科技成果产业化拓展基地；将珠海市打造成珠江西岸区域创新中心、粤港澳创新合作重要先行区、国际化创新型城市。"广珠澳"科技创新走廊依托重点创新平台的建设，集聚高端创新资源，提升创新能级，积极发展先进制造、光电信息、微电子芯片、智慧城市、物联网、脑科学与人工智能、中医药、生态环境等战略性产业，引领带动粤西地区的创新发展。

表 5-4 "广深港""广珠澳"科技创新走廊的重点创新平台

区　　域	重点创新平台
"广深港"科技创新走廊	中新广州知识城、广州科学城、深圳前海深港现代服务业合作区、光明科学城、西丽湖国际科教城、深圳高新区、深圳坂雪岗科技城、深圳国际生物谷坝光核心启动区、深圳国家生物产业基地、深圳空港新城、东莞松山湖科学城、东莞松山湖高新区、东莞滨海湾新区、惠州潼湖生态智慧区
"广珠澳"科技创新走廊	南沙粤港澳全面合作示范区、南沙科学城、琶洲人工智能与数字经济试验区、广州大学城——国际创新城、珠海西部生态新区、佛山粤港澳合作高端服务示范区、佛山三龙湾高端创新集聚区、中山翠亨新区、江门大广海湾经济区、肇庆新区

资料来源：《广东省推进"广州—深圳—香港—澳门"科技创新走廊建设行动方案（2020—2022年）》。

2. 建设综合性国家科学中心，打造全球源头创新高地

粤港澳大湾区应以综合性国家科学中心先行启动区的建设为引领，聚焦国家重大需求，持续强化战略科技力量的布局，打造以重大科技基础设施和实验室体系为核心，以高水平大学为支撑，重大创新平台集聚的世界一流源头创新高地。

1）加快构建重大科技基础设施集群

粤港澳大湾区应加快推进大亚湾中微子实验、中国散裂中子源、国家基因库（深圳）、国家超算中心等已建成的重大科技基础设施的顺利运行；加快江门中微子实验装置、强流重离子加速器装置、加速器驱动嬗变研究装置等在建重大科技基础设施的建设，积极谋划布局更多国家重大科技基础设施落地粤港澳大湾区，为开展基础研究和应用基础研究提供载体支撑。建立公开、公平、便利的科技基

础设施和仪器设备开放共享机制，确保设施仪器"应开放尽开放"、公共数据"应共享尽共享"。港澳应体系化推进粤港澳大湾区（广东）量子科学中心、深圳国家应用数学中心、中药新药技术创新中心等重大创新平台的建设，形成高质量的科学研究体系。

2）持续优化实验室体系建设

高标准推进鹏城实验室、广州实验室的建设，积极争取更多的国家实验室或国家实验室基地落户粤港澳大湾区，推动国家实验室及其在粤基地解决重大科学问题和关键核心技术，实现技术领先、安全和自主可控。推进国家重点实验室的重组工作，切实鼓励并积极推进高校、科研院所和骨干企业在信息通信、智能制造、生物医药、新材料、新能源、生态环保等优势领域，以及人工智能、大数据、网络空间安全、合成生物学、脑科学等交叉领域新建一批国家重点实验室。实施省实验室"提质增效"行动，强化省实验室分类管理，加强省实验室的学科和队伍建设，通过采取承接国家重大项目、省重大项目委托、自立项目择优推荐等方式，推动省实验室以目标为导向开展跨学科、大协同攻关，实现高水平可持续发展。积极争取新建一批"一带一路"联合实验室和高等级生物安全实验室，确保国家级平台的数量持续增长。持续推动省重点实验室、粤港澳联合实验室、野外科学观测研究站和科学数据中心等省级平台的健康发展，打造高端科研平台。

3）推进高水平大学和高端科研院所建设

在高水平大学建设方面，要突出分类指导、精准支持，加大对具备冲刺世界一流学科的基础的优势学科的建设力度；支持世界知名大学到粤港澳大湾区设置高等学校、建立分校或共建国际化学院，重点推进香港科技大学、香港大学、香港理工大学、澳门大学、澳门科技大学等港澳高校在内地办学，推动广东以色列理工学院、深圳北理莫斯科大学、暨南大学伯明翰大学联合学院、中山大学中法核工程与技术学院等中外合作办学机构的建设发展。聚焦国家和省重大战略，整合高校基础研究优势特色，主动对接国家重大项目和工程，组建大团队、培育大项目、建设大平台，力争在关键领域实现原始创新的重大突破。

第5章　粤港澳大湾区科技创新"双循环"生态系统的建设路径

在高端科研院所建设方面,要围绕集成电路、智能计算、智能制造、新材料、新药开发与检测、环境科学等领域,成建制、成体系地引进建设一批高水平的创新研究院。支持中国科学院、大型央企、省外高水平大学在粤港澳大湾区科研机构的创新发展,优化学科发展和研发布局,开展前沿引领技术、颠覆性技术和产业关键共性技术的研发。

3. 促进创新链与产业链融合,构建高精尖产业新体系

粤港澳大湾区要发挥科研资源和产业链供应链的集群优势,使科研成果从样品到产品再到商品的转化链条保持畅通,强化创新要素和产业要素的集聚整合,结合各地特色形成优势主导产业,建设具有全球影响力的粤港澳大湾区国际科技创新中心高端产业体系。

1)强化创新链的技术育成能力

粤港澳大湾区要围绕创新链布局产业链,强化技术创新体系建设,促进产学研相结合,加强科技创新成果转化,疏通创新链条的堵点和难点,打通"科研—转化—产业"全链条。

一是完善技术创新体系。大力建设粤港澳大湾区国家技术创新中心,以集成电路与关键软件、生物医药与器械、智能制造与装备等领域为主攻方向,突破"卡脖子"技术,锻造"长板"技术,打造全链条产业创新网络,促进新兴产业发展壮大、优势支柱产业转型升级。围绕集成电路、关键软件、生物医药等领域打造一批技术创新平台,开展核心技术攻关,支持湾区内的高校、科研机构普遍设立技术转移机构、新型研发机构,推动湾区内的技术创新中心与产业创新中心、制造业创新中心、工程研究中心、工程实验室、企业技术中心等技术创新平台的协同发展,促进港澳前沿科研成果在珠三角实现产业化。

二是完善孵化育成体系建设。通过打造一批大学科技园、科技企业孵化载体、留学人员创业园等,吸引国内外科技创新成果在粤港澳大湾区实现产业化;支持专业孵化器、众创空间、港澳青年创新创业基地等创新创业平台的建设发展,加

大对各类创新创业平台在建设规划、用地审批、财政资助、风险补偿等方面的扶持力度，引导创业孵化载体引进国际先进的创业孵化理念，推动技术中试熟化和孵化育成。

三是加强创新产业聚集区的建设。以建设高新区、科技产业园、创新型产业集群等方式，促进科技成果转化和产业化应用，发挥粤港澳大湾区国家技术创新中心的核心作用，在高新区等产业园区布局一批兼具技术研发和成果转化功能的产业技术研究与转化示范机构联合体，建设一批省科技成果转化中试基地，形成从基础研究、应用研究到规模化生产的完整技术创新链条，构建完善的技术创新供给体系，为产业发展提供强有力的技术支撑。

2）打造自主可控的产业链供应链集群

围绕核心零部件、关键材料、核心技术设备、产业技术基础等的短板，发挥港澳高校的基础研究与前沿科技研发优势，加强其与深圳市、广州市乃至整个粤港澳大湾区的产学研创新协同发展，采用"揭榜挂帅""赛马""业主制"等制度，联合开展大湾区产业关键核心技术攻关，在粤港澳大湾区率先形成具有国际竞争力且自主可控的产业链供应链集群。通过实施一系列产业链供应链提升工程，推动产业链供应链集群向高级化、现代化、网络化、协同化发展，确保产业链供应链集群形成头部企业集聚高地、创新链核心环节战略高地。促进产业链在广度、深度、厚度和高度上的延伸，占据价值链高端，提高产业链供应链集群的整体创新能力。在制造业领域的优势产业"优链、强链"，在国际分工复杂的产业链供应链中，形成自主可控的体系；在新兴产业"补链、固链"，抢占世界制造业的制高点，率先形成以自我为主的产业链供应链；在未来产业"建链、拓链"，提前谋划并构建以创新能力为核心的产业链供应链，形成相互协同、彼此联动、互利共生的产业链供应链集成体系，解决产业链与创新链对接不畅、创新链对产业链的升级支撑不足等问题。

3）促进创新型产业集群融合发展

粤港澳大湾区应密切跟踪新一轮科技革命和产业变革的发展趋势，聚焦未来产业的培育和发展，抢占未来产业发展的技术制高点，重点聚焦类脑智能、量子计算、6G、未来网络、无人技术、超材料和二维材料、基因与干细胞等前沿科技领域，进行产业培育与技术突破。推进先进通信网络领域 5G 技术的应用，强化"5G+"融合应用技术创新，开展卫星互联网芯片、核心器件和整机的研制，前瞻布局第六代移动通信技术（6G）中的潜在关键技术。以先进通信网络、工业互联网、北斗导航与位置服务等应用技术为驱动，大力发展虚拟现实等融合创新技术，攻关一批底层核心技术，支撑壮大特色产业集群。充分利用粤港澳大湾区的产业链供应链集群优势，加强大湾区的产业对接，推动制造业从加工生产环节向研发、设计、品牌、营销、再制造等环节延伸，打造具有粤港澳大湾区特色的优势主导产业。发挥处于现代产业链"链长"位置的龙头企业的作用，促进上中下游的大中小企业融通创新、协同发展，培育一批国家级先进制造业产业链集群，系统推进制造业数字化转型。发挥珠三角九个城市各自的产业优势，重点推动新一代电子信息、绿色石化、智能家电、汽车、先进材料、现代轻工纺织、软件与信息服务、超高清视频显示、生物医药与健康、现代农业与食品十大战略性支柱产业的集群发展；重点推动半导体与集成电路、高端装备制造、智能机器人、区块链与量子信息、前沿新材料、新能源、激光与增材制造、数字创意、安全应急与环保、精密仪器设备十大战略性新兴产业的集群发展。珠三角二十大战略性产业的核心城市布局如表 5-5 所示。

表 5-5 珠三角二十大战略性产业的核心城市布局

城　　市	战略性支柱产业的布局	战略性新兴产业的布局
广州市	新一代电子信息、绿色石化、汽车、先进材料、软件与信息服务、超高清视频显示、生物医药与健康、现代农业与食品	半导体与集成电路、高端装备制造、智能机器人、区块链与量子信息、前沿新材料、新能源、激光与增材制造、数字创意、安全应急与环保、精密仪器设备
深圳市	新一代电子信息、汽车、软件与信息服务、超高清视频显示、生物医药与健康	半导体与集成电路、高端装备制造、智能机器人、区块链与量子信息、前沿新材料、新能源、激光与增材制造、数字创意、安全应急与环保、精密仪器设备

续表

城　市	战略性支柱产业的布局	战略性新兴产业的布局
珠海市	新一代电子信息、智能家电、软件与信息服务、生物医药与健康	半导体与集成电路、高端装备制造、前沿新材料、精密仪器设备
佛山市	智能家电、汽车、先进材料、现代轻工纺织、现代农业与食品	智能机器人、前沿新材料、新能源、安全应急与环保、精密仪器设备
东莞市	新一代电子信息、现代轻工纺织、软件与信息服务	前沿新材料、新能源
惠州市	新一代电子信息、绿色石化、超高清视频显示、现代农业与食品	—
中山市	现代轻工纺织、生物医药与健康、现代农业与食品	—
江门市	智能家电、现代轻工纺织、生物医药与健康、现代农业与食品	高端装备制造、智能机器人、激光与增材制造、安全应急与环保
肇庆市	现代农业与食品	—

资料来源：《广东省制造业高质量发展"十四五"规划》。

4. 完善科技型企业梯度培育，营造一流创新创业生态

粤港澳大湾区应突出企业创新主体地位，构建以科技领军企业为引领、以高成长性企业为基础的创新企业集群；完善以产业链、创新链互融为核心，资金链、人才链联动的创新生态体系，形成高质量发展的良性循环。

1）加强高成长性企业梯队培育

完善企业培育机制，支持企业设立高水平的研发机构，将国家级—省级—市级企业技术中心梯队培育作为重点工作来抓；重点推动科技企业积极参与全国重点实验室、高水平研究院等的建设；支持企业打造具备高端技术研发、应用和生产能力的旗舰制造工厂。

引导企业面向国家需求和长远发展加大研发投入力度，落实国家关于企业投入基础研究税收优惠、研发费用加计扣除、高新技术企业所得税减免等政策。一是要培育处于产业链塔尖上的"制造业单项冠军企业"，衔接产业链断点，增强产业链韧性，提高经济抗风险能力。支持那些长期专注于基础零部件、基础装备、关键材料等细分产品的企业，发挥大国工匠精神，把企业做成"百年老店"。二是

培育"专精特新"的"小巨人"企业，使其与终端产品制造商和上游原材料零部件供应商之间形成相互支撑、相互链接、长期相对稳定的产业链上下游嵌套关系，促进粤港澳大湾区产业集群的发展，提高产业链的完整性、配套性与不可或缺性，使其具有为大企业、大项目提供关键零部件、元器件和配套产品的能力。三是培育一大批"专精特新"的中小企业，使大量具有"专业化、精细化、特色化、创新化"特征的中小企业，成为在核心基础零部件和元器件、先进基础工艺、关键基础材料、工业软件、产业技术基础"五基"领域"补短板""填空白"的企业。四是鼓励、支持创新型中小企业通过利用在技术、品牌和模式等方面的创新能力，成为粤港澳大湾区技术创新的重要主体和制造业高质量发展的生力军。

2）促进行业科技领军企业发展壮大

制定专门的领军企业培育支持政策，明确准入门槛、培育规模，完善服务机制，采用"一企一策、一事一议"等方式，围绕技术创新、品牌建设、经营管理、人才引育、产业链供应链布局等方面给予重点扶持，争取培育一批具有全球影响力的科技领军企业，突出科技领军企业重构自主可控的产业链供应链的重要作用。推动形成科技、产业、金融的良性循环，加速推进科技成果转化应用。支持科技领军企业布局基础研究，提出基础研究和应用基础研究重大问题清单，提升科技领军企业基础研究和原始创新的能力。支持科技领军企业联合高校、科研院所整合、集聚创新资源，共建跨领域、大协作、高强度的创新基地、联合实验室、新型共性技术平台等，推动重点领域的项目、人才、资金一体化配置，解决跨行业、跨领域的关键共性技术难题。鼓励华为、中兴通讯、大疆、比亚迪、腾讯等科技领军企业积极主导或者参与国际标准、国家标准和行业标准的制定。支持科技领军企业建设专业化的众创空间，放大市场、技术、资本、人才等资源的溢出效应，加速硬科技初创企业的成长。支持科技领军企业建设场景应用创新中心，面向中小微企业开放科技设施平台、数据、技术验证环境等。加快科技领军企业培育，提升粤港澳大湾区头部企业的带动力、创造力、竞争力和整合产业链供应链的能力，同时继续培育一大批占据产业链、供应链、价值链头部位置的跨国企业，强化这些企业在国际市场配置资源、获得增值价值的拓展能力。以华为、腾讯、广汽、格力等各领域的"科创突围尖兵"为引领，加速形成"科研尖峰+技术转化"的科创生态、"巨头引擎+硬件创新"的产业生态、"平台驱动+创业孵化"的数字生态。

3）强化对创新创业的人才和金融支持

打造创新人才高地。粤港澳大湾区应充分发挥创新资源的存量优势，着力构建一支涵盖战略科学家、一流科技领军人才和创新团队、青年科技人才的人才队伍。坚持实践标准，在国家重大科技任务担纲领衔者中、在全球产业链供应链头部企业的领军者中、在解决中国"卡脖子"技术的科研者中，发现和培养具有深厚科学素养、具有前瞻性，以及视野开阔、判断力、跨学科理解能力、大兵团作战组织能力强的战略科学家。探索"候鸟型"引才机制，完善跨境人才短期工作、兼职在岗的支持计划，形成长短充分结合、全兼各有侧重的弹性引才模式。依托国家级创新基地、新型研发机构等创新平台，以"大科学装置+大科学任务+大科学领军人才+大科学创新机制"等形式，吸引全球顶尖科研人才开展科研工作。实施"高聚工程"等人才计划，面向全球引进和使用各类人才资源，引进首席研究员、高级算法工程师和平台架构师等核心技术人才。坚持青年科技人才和科技领军人才并重，加强对青年科技人才的支持，强化青年科技人才培育与项目、平台的耦合机制，推动省重大人才工程、省科技计划加大力度支持博士、博士后等青年科技人才的培养，支持青年科技人才牵头承担更多的国家、省重大科技计划项目。建立粤港澳大湾区统一的人才工程项目信息管理平台，推动人才工程项目与各类科研、基金计划相衔接。依托市场猎头机构，优化大湾区重点产业与专业领域的需求与人才供给的对接。

加强企业融资支持。利用香港、深圳市的金融体系的优势，打造多层次资本市场体系，发挥风投、创投等民间资本对企业发展的支持作用，支持科技企业创新发展。强化信贷、保险、担保和融资租赁等对科技企业的支持，引导金融机构和担保机构开展精准化金融服务，有效解决企业融资困难问题。不断拓宽多元融资渠道，

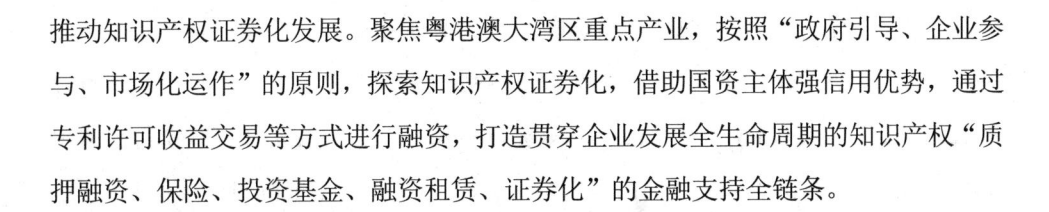

推动知识产权证券化发展。聚焦粤港澳大湾区重点产业，按照"政府引导、企业参与、市场化运作"的原则，探索知识产权证券化，借助国资主体强信用优势，通过专利许可收益交易等方式进行融资，打造贯穿企业发展全生命周期的知识产权"质押融资、保险、投资基金、融资租赁、证券化"的金融支持全链条。

5.2 构建以"一带一路"为核心的科技创新国际循环系统

5.2.1 "一带一路"沿线主要国家的创新资源与科技合作需求分析

1. 东南亚国家

1）创新资源

在《2022年全球创新指数报告》中，新加坡在132个创新经济体中排名第7位，在东南亚国家中排名第1位。东南亚其余国家的排名分别为马来西亚第36位、泰国第43位、越南第48位、菲律宾第59位、印度尼西亚第75位、柬埔寨第97位、缅甸第116位。下面重点围绕新加坡的创新体系和创新资源展开分析。

由于地理位置和历史的原因，新加坡等东南亚国家是我国对外直接投资的重点区域，也是我国"21世纪海上丝绸之路"的重要发展方向。新加坡被誉为"科技天堂"，是全球科技最先进的国家之一。新加坡政府致力于科技创新体系建设，积极推动科技创新系统变革，不断增加科技投入，完善基础设施，营造良好的创新环境，充分发挥公共部门、中介组织的作用，坚持开放创新，以国际化视野促进全球创新要素的集聚和合理配置，推动科技创新发展。

新加坡国立大学与南洋理工大学是新加坡著名的世界一流大学，其在2022 QS世界大学排名中分别排名第11位和第12位。多年来，这两所大学在人才汇聚上发挥了重要作用。新加坡国立大学先后建立了亚细安大学联盟、亚洲大学联盟、环太平洋大学联盟、研究型大学国际联盟、U21 研究型大学联盟和世界经济论坛全球校长论坛等组织，吸引和链接全世界高端人才。南洋理工大学推出"南洋助理教授计划"（Nanyang Assistant Professor Program），大力吸引和招聘国际优秀的年轻教师，还制订"加速创造力和卓越计划"（The Accelerating Creativity and Excellence），鼓励教职工与世界其他大学合作进行跨学科研究。

新加坡同时也是借助跨国公司的研发活动提升本国科技创新能力的成功典范，通过制订 R&D 辅助计划、公司研究鼓励计划等，为跨国公司的 R&D 活动提供资金和良好的设施服务，鼓励跨国公司在新加坡设立研发总部、研发基地和实验室等，开展科研活动。新加坡的科研机构通过与这些跨国公司合作开展技术攻关，逐渐掌握核心关键技术，再通过消化吸收、再创新，实现自主创新和集成创新。

2）科技合作需求

目前中国与新加坡的合作强度较高，尤其是在科技论文合著、科技专利合作、留学生和学者交流等领域。纵观粤港澳大湾区与新加坡的科技资源，粤港澳大湾区在机械与运输设备、劳动密集型工业制品等方面对新加坡有一定的优势，未来可以建设一批科技园区、生物医药联合实验室，以及各自互补领域的技术转移平台等，推动双方的科技合作向纵深推进。

柬埔寨、缅甸等是传统的农业国家，其科技合作需求以农业机械化和现代化为主；泰国、印度尼西亚和越南对科技合作的需求主要集中在传统制造业和基础设施产业。相较于中国的科技创新水平，这些国家的科技创新水平处于相对劣势，双方可以通过技术转移和共同研发来达成合作。同时，这些国家均为传统农业国家，工业化诉求强烈，粤港澳大湾区可以从农业科技着手，以基础设施建设领域为切入点，为这些国家的重大工程项目提供技术支撑。

菲律宾、马来西亚两国具备一定的科技实力，但目前粤港澳大湾区与其展开科技合作的强度均不高，未来存在较大的合作空间。就合作领域而言，粤港澳大湾区与菲律宾可以在基础设施、轻工业领域展开合作，发挥技术优势，拓展菲律宾国内市场，建设一批科技园区和联合实验室。粤港澳大湾区与马来西亚的科技合作可以从农业科技、通信设施、医疗领域及能源领域着手，推动联合实验室、技术转移中心及科技园区的建设。

东南亚主要国家的技术优势领域与科技合作需求领域如表 5-6 所示。

表 5-6 东南亚主要国家的技术优势领域与科技合作需求领域

国　　家	技术优势领域	科技合作需求领域
柬埔寨	农业、纺织服装产业和建筑业	路桥、水利、电网、港口、码头、机场、通信等基础设施建设领域；农产品出口、深加工、仓储、物流等；轻工业；高新技术产业
缅甸	农业、加工制造、能源、交通业	基础设施建设、电力能源、通信、纺织制衣、农业科技
泰国	农业、制造业、汽车工业	农业灌溉设施；城市、机场等基础设施建设领域
印度尼西亚	石油天然气、农业、采矿业、纺织和电子等工业制造业	农业、矿冶、电力、制造业、数字经济和金融保险
越南	农业、加工制造业、汽车工业、电子工业	能源电力、交通等基础设施领域；汽车制造业；轻纺工业
菲律宾	农业、食品加工、化工产品、无线电通信设备	农业、能源、制造业、基础设施建设
马来西亚	农业、电子、石油、机械、钢铁、化工及汽车制造	制造业、新能源、电力、石油化工、轨道交通
新加坡	电子、石油化工、精密工程、生物医药、海事工程	生物制药、电子、精密工程、物流、工程及环境服务、金融科技

资料来源：《对外投资合作国别（地区）指南》（2020 年版）。

2. 南亚国家

1）创新资源

南亚是世界人口最为密集的地区，科研总体水平较低。在南亚国家中，印度的班加罗尔科技创新实力相对较强。班加罗尔位于印度南部，是卡纳塔克邦的首府，目前是印度第五大城市。班加罗尔面积为 174.7 平方千米，人口约 520 万，是印度南部的科学和技术中心，有"亚洲的硅谷""航空技术中心""生物技术中心"之美誉。1947 年，印度政府将一系列的科研机构设立在班加罗尔，如国家航空实验室、国家软件科技中心等，大量的工程师、科学家、学者到班加罗尔工作。20世纪90年代初,印度政府制定了重点开发计算机软件的国家战略,并将印度第一个软件产业园设立在班加罗尔,自此,班加罗尔的信息技术产业逐步发展。班加罗尔集聚了大量高校和科研机构,仅国家和邦一级的科研机构就有28家[①],另外还有其他获得政府认可的科研机构100多家。同时,班加罗尔基础教育体系完善,教育设备齐全,共有650所高中和2400所初级学校。此外,班加罗尔的交通、医疗、娱乐设施等相对完善,并且高技术人才的工资比印度其他地方高,因此班加罗尔对科技人员和企业家具有巨大的吸引力,也成为外商的投资热土。

2）科技合作需求

在南亚国家中,中国与印度的科技合作已经有了一定的基础,建设了一批科技产业合作区,双方学者合著科技论文频繁,在研发型科技上合作强度较高。在下一步的科技合作中,粤港澳大湾区可以从自身优势和印度存在诉求的基础设施领域入手,推动一批交通、通信、电力等领域的工程项目建设,深化双方的技术辐射型科技合作。同时,双方可在印度有优势的软件出口和服务外包业、医药业等领域开展联合研发型科技合作,建设一批联合实验室和技术转移平台。

南亚主要国家的技术优势领域与科技合作需求领域如表5-7所示。

表5-7 南亚主要国家的技术优势领域与科技合作需求领域

国　　家	技术优势领域	科技合作需求领域
印度	农业；纺织、食品、化工、制药、钢铁、水泥、采矿、石油和机械；软件出口和服务外包业；医药业等	农业科技；交通、城市、通信、电力、物流等基础设施建设
巴基斯坦	农业；纺织、皮革、水泥、制糖、化肥、拆船等工业	能源、电力、交通、通信等基础设施建设
孟加拉国	服务业；医药业	建材、金融服务、纺织服装、电力；汽车业；船舶加工业

---

① 数据来源：侯辉生. 反思印度班加罗尔 打造创新型城市——班加罗尔对新乡市发展的借鉴意义[J]. 行政科学论坛, 2017（07）: 52-55.

续表

国　家	技术优势领域	科技合作需求领域
斯里兰卡	农业；建筑业、纺织服装、皮革、食品、饮料、烟草、化工、石油、橡胶、塑料、非金属矿产品加工业及采矿采石业	电力、交通等基础设施建设；制造业
尼泊尔	农业；制糖、纺织、皮革制鞋、食品加工等工业	电力、交通、通信等基础设施建设
阿富汗	农牧业；轻工业、手工业	电力、交通、通信等基础设施建设；能源产业
马尔代夫	农业；渔业；交通运输业	电力、交通、通信等基础设施建设

资料来源：《对外投资合作国别（地区）指南》（2020年版）。

3．中亚国家

1）创新资源

中亚五国在地理和文化上相似度高，在经济上主要以农牧业为主，工业化程度普遍不高，科技创新能力普遍不强，国际科技合作的需求也较为一致。中亚五国普遍是以农牧业、石油和天然气资源为依托的国家，其中，乌兹别克斯坦是中国的友好近邻，是中国开展能源资源合作、进行对外产能输出和基础设施建设的重要国家。

乌兹别克斯坦位于中亚腹地，国土面积为44.74万平方千米，自然资源丰富，现探明有近100种矿产品。国内人口数量超过3000万人，人力资源和消费市场潜力巨大。国民经济支柱产业是黄金、棉花、石油和天然气，目前乌兹别克斯坦重点发展的行业是棉花加工、采矿、食品工业、石油加工、农业机械制造和汽车制造，同时该国在航空、天文、冶金和农业等领域拥有较为完备的科技基础。乌兹别克斯坦有180多家科研机构，主要科研机构是乌兹别克斯坦科学院。乌兹别克斯坦科学院的职能除了开展科学研究、开发新技术和培养科研人才，还包括参与制订并落实国家基础和应用研究规划、落实国家科技政策、研究和确定国家科技发展的方向等。乌兹别克斯坦科学院下设4家分院、4家地区级科研中心、2个科学生产联合体、4家科技中心、2家科研分部、35家科研院所、9家实验室、5座天文台及观测站、7个育种试验场站、1家科教中心等机构，研究方向涉及数学、物理学、化学、生物学、天文学、动力学、信息技术、宇航、地球科学等领域。此外，乌兹别克斯坦在高能物理、半导体物理、材料科学和太阳能科学研究方面也具备一定优势。

2）科技合作需求

在中亚五国中，中国与乌兹别克斯坦的合作紧密。乌兹别克斯坦在汽车工业和飞机制造业领域具有一定的基础，在合作较为深入之后，粤港澳大湾区可以尝试在这些领域与其开展联合研发型科技合作。作为亚洲唯一的双重内陆国，乌兹别克斯坦在互联互通方面也有着强烈的需求。此外，乌兹别克斯坦总统米尔济约耶夫将2020年确定为"科技、教育和数字经济发展年"，并提出相关措施：出台国家科技发展重点规划，完善科技专项经费制度，加大资金投入，扩大数学、化学、生物学和地质学等领域的基础研究和应用研究；建立科技成果电子平台、国际和国内科研成果数据库，鼓励高校和科研单位与国外一流大学或科研中心建立伙伴关系，资助科研人员赴国外参加科研工作或接受培训；在数字经济建设方面取得突破发展，实现建筑、能源、农业、水利、运输、地质、医疗、教育和档案等领域的全面数字化，完善"电子政府"系统等。由此看出，乌兹别克斯坦在科技创新方面将进入一个相对活跃时期，在科技创新投入、人才培养、创新与经济融合发展及国际科技合作等方面，都将有较大的需求。

其他中亚国家科技实力相对较弱，我国与其主要开展技术转移型科技合作。在具体合作中，粤港澳大湾区可以从农业科技入手，与之共建一批农业科技园区、联合实验室、技术转移平台。同时，粤港澳大湾区应加强工程项目推进，在基础设施领域与之开展广泛合作。中亚主要国家的技术优势领域与科技合作需求领域如表5-8所示。

表5-8 中亚主要国家的技术优势领域与科技合作需求领域

国家	技术优势领域	科技合作需求领域
哈萨克斯坦	能源、冶金化工、装备制造、现代农业、物流运输	农业科技；交通、通信等基础设施建设；石油加工、石油天然气；冶金业和金属制成品；电力和清洁能源生产；数字经济

续表

国　　家	技术优势领域	科技合作需求领域
吉尔吉斯斯坦	农牧业；采矿、加工等工业	农业科技；交通、通信、电力、矿产资源开发
塔吉克斯坦	农牧业；铝业、煤炭、石油、天然气	农业科技；电力、交通、城市等基础设施建设
土库曼斯坦	油气开采、工业、电力、电子、农业、交通、通信	新能源、交通运输、现代农业、化工
乌兹别克斯坦	农牧业；汽车、飞机制造、采矿业、化工业；以纺织为主的轻工业	油气、化工、纺织、电力、煤炭、水泥、钢铁、玻璃、农业、水利

资料来源：《对外投资合作国别（地区）指南》（2020年版）。

4．独联体国家

1）创新资源

独联体国家是指独立国家联合体的成员国。独联体国家传承苏联的衣钵，普遍具有一定的工业基础，具备与我国开展研发合作的潜力。在独联体国家中，俄罗斯的科技实力相对较强。凭借完善的科研管理模式和科研激励机制，俄罗斯在基础科学、计算机、军事工业等领域具备世界领先水平，保持着世界科技大国的地位。俄罗斯的研发机构分为国立研发机构、国有集团企业的研发机构、私立的研发机构、混合所有制的研发机构、外资、合资及其他类型的研发机构。其中，国立研发机构近年来基本保持在2500家左右，约占研发机构整体数量的60%[1]。俄罗斯国内的科研开发活动主要由国有的研发机构主持。国家科学中心是俄罗斯各科学领域中的佼佼者。目前俄罗斯共有43家国家科学中心，其研究领域涵盖了从理论科学到应用科技等当代科学的主要研究领域[2]，在研究水平和研究设施配备方面均处于世界领先地位。国家科学中心主要从属于科教部、其他政府部门和企业三大类单位。其中，从属于科教部和联邦工业贸易部的科学中心主要从事基础

---

[1] 蒋菁.俄罗斯科技创新体系的构建与发展[J].俄罗斯东欧中亚研究，2021（05）：76-96+156-157。
[2] 林苇，王翼阳.俄罗斯科技管理体系与发展政策研究[J].科学管理研究，2021，39（06）：146-155。

学科研究，而测绘、医疗等专业性较强领域的科学中心则相应地从属于计量局和医疗科学局等部门，从属于企业的科学中心更关注科研成果的转化，如罗斯泰克国营公司的制造技术研究中心和罗萨托姆国家原子能公司的物理和能源研究所。在创新平台方面，俄罗斯拥有高通量中子束流反应堆（PIK）、重离子超导同步加速器（NICA）、第四代同步辐射光源、极端光场国际研究中心、正负电子对撞机、托卡马克核聚变反应堆、西伯利亚环形光子源等大科学装置。这些装置均是俄罗斯具有比较优势的项目，具有明确的科学外交功能，接受联邦政府的管理。

2）科技合作需求

在独联体国家中，俄罗斯和我国的科技合作较多，总体合作强度较高。其在能源、国防工业、航天工业基础科学等领域都展现出了雄厚的创新实力，而在较为基础的食品工业等轻工制造业领域有着不少科技合作需求，与我国的科技创新能力整体高度互补。目前两国的科技合作交流较为频繁，并且已经完成了一批科技园区的建设，如中俄托木斯克木材工贸合作区。在下一步的科技合作中，粤港澳大湾区应该更加注重二次开发型和联合开发型的科技合作，在能源、国防工业、航天工业等双方都有基础的领域开展更深入的合作，建设一批以联合实验室为代表的联合研发平台。同时，粤港澳大湾区在具有技术优势的轻工业领域，可以加强技术转移中心的建设，并在现有科技产业园的基础上，进行领域更为广泛的科技园区建设，在基建领域进行更为深入的工程项目建设。

独联体主要国家的技术优势领域与科技合作需求领域如表 5-9 所示。

表 5-9 独联体主要国家的技术优势领域与科技合作需求领域

国　　家	技术优势领域	科技合作需求领域
俄罗斯	石油、天然气资源产业；冶金行业；国防工业；航天工业；基础科学领域；软件开发行业；飞机制造业	食品工业；轻工制造业；制药和医疗行业；空港、空运商业、运输基础设施
白俄罗斯	农业；机械制造；化工石化工业；电子工业；无线电技术；IT 产业	高附加值制造业；环境保护；轻工制造业
摩尔多瓦	农业；种植业；农产品（食品）加工	基础设施；新能源；农业种植和加工

续表

国　家	技术优势领域	科技合作需求领域
阿塞拜疆	石油、天然气资源产业；运输业	油气开发、信息通信、物流运输；机械制造业
亚美尼亚	食品加工、饮品加工、烟草加工、基本金属加工；农业	机电、钢铁；家电、建材家具和轻纺业；交通等基础设施建设
乌克兰	农业；航空、航天、冶金、机械制造、造船、化工；军事科技；IT产业	信息技术、能源、农业、基础设施
格鲁吉亚	农业；制造业	农业、贸易、能源和资源开发、制造业、旅游、交通运输、基础设施建设领域

资料来源：《对外投资合作国别（地区）指南》（2020年版）。

独联体其余国家和中国现阶段的合作强度不高，但是这些国家普遍具有一定的工业基础，与其开展合作可以从联合研发型科技合作入手，建设一批类似中乌"高端装备激光制造国际合作联合实验室"这样的科技合作项目。

5．西亚国家

1）创新资源

西亚国家地下油气资源丰富，经济长期依赖石油等矿物燃料出口，农业科技较为落后，制造业发展薄弱，工业化程度低，产业单一，但是以色列的科技创新能力在西亚国家中较为突出。以色列国土面积狭小、自然资源匮乏，也正因为如此，科学技术对于以色列显得尤为重要。在1948年以色列建国以后，"科教兴国"随即被确定为国家战略。20世纪90年代，以色列政府转变发展方式，把技术创新作为经济发展的第一动力，实施创新发展战略。经过几十年发展，以色列在创新上有着不凡的表现。在科研论文方面，1991—2021年以色列累计在Web of Science核心合集发表并被收录的SCI英文论文多达37万篇[①]，研究内容主要集中在"生物化学与分子生物学""神经学""肿瘤学""材料学""化学物理""应用物

[①] 数据来源：Web of Science。

理""数学"等领域[1]。在技术专利方面，1991—2021 年以色列的 PCT 专利申请量共有 4 万余件[2]，主要集中在医用制品、电子数据处理与诊断、数字信息传输等领域[3]，侧面反映出以色列在医疗和电子信息等领域具有较强的创新能力。

以色列最丰富的资源是人才，以色列的教育投入占国民生产总值的比重始终保持在 10%左右，并且每一个教育阶段都十分注重学生创新能力的培养。以色列劳动人口中拥有高等教育学位的劳动人口的比例高达 45%，科技人员占 1/4，平均每万名公司员工中工程师和科学家近 150 名，名列世界第一，以色列从事研发的全职人员占总人口的比例为 9.1%，位居世界前列[4]。人才成长离不开高校和研究机构长期的培育。希伯来大学是以色列最著名的高等学府，在脑科学、医学研究、农业与环境、人文科学方面做出了巨大贡献。特拉维夫大学是以色列首台超级电子计算机的诞生地。以色列理工学院享有"以色列的麻省理工"之美誉，拥有 18 个学术部门和 52 家研究中心。魏茨曼科学研究所开展人类基因组计划研究，率先制造出世界第一台 DNA 计算机，魏茨曼科学园是以色列生物技术产业中心。

在企业创新方面，以色列表现非凡。以色列高科技企业的数量、规模、收益仅次于美国，居世界第 2 位。以色列在科研方面的财政投入占 GDP 的比重年均达 4%，世界排名第 1 位。据世界经济论坛发布的《2017—2018 年全球竞争力报告》，以色列的全球竞争力指数排名第 16 位，技术储备水平全球排名第 7 位，创新能力高居全球第 3 位。同时，以色列充分利用全球创新资源和科技创新资源进行开放式创新，强化竞争力，成为全球高科技跨国公司研发中心的集聚地。全球超过 400

---

[1] 郭凯翔，李代天，滕颖. 以色列科技创新优势及中以合作建议[J]. 科技中国，2021（06）：25-28.

[2] 数据来源：WIPO（世界知识产权组织）数据库。

[3] 郭凯翔，李代天，滕颖. 以色列科技创新优势及中以合作建议[J]. 科技中国，2021（06）：25-28.

[4] 许鸿，孙建坤. 以色列科技创新优势和经验对云南的启示[J]. 云南科技管理，2021，34（02）：16-20.

家知名跨国公司在以色列设有研发中心，华为、联想、小米等中国企业也相继在以色列设立研发中心。

2）科技合作需求

西亚各国基本上都是石油、天然气资源丰富的能源大国，目前与我国的科技合作强度较低。科技合作需求主要集中在增强油气生产能力、促进经济发展多样化、摆脱对石油产业的高度依赖。阿拉伯联合酋长国和沙特阿拉伯两国已经取得了不错的成绩，阿拉伯联合酋长国的非石油产业在 GDP 总量中的占比已经达到了80%，而埃及和科威特两国对能源的依赖度仍然较高。在经济多元化的进程中，各国在各个产业领域也表现出不同的技术优势和科技合作需求。整体上，粤港澳大湾区可与阿拉伯联合酋长国和沙特阿拉伯两国在其具有优势的制药业、化工业、能源等领域进行更为深入的二次开发型和联合开发型的科技合作，建设一批科技园区、联合实验室和技术转移平台。而在基建、农业科技等领域，粤港澳大湾区应着重与埃及、科威特两国开展技术输出型、技术辐射型的科技合作，主要以粤港澳大湾区的技术优势为主导，推进一批重大工程项目合作的达成。

在西亚国家中，以色列是科技实力较强的一个。目前，我国与以色列的科技合作强度不高，现有科技合作主要为联合开发型科技合作。以色列在农业科技、军工科技、宝石加工、计算机软件、医疗设备、生物技术等技术密集型行业优势明显，与我国《推进"一带一路"建设科技创新合作专项规划》的合作领域规划高度契合。同时，以色列正处于基础建设的扩张阶段，全国每年的基础设施投资多达 40 亿美元，急需建设大量的机场、码头、铁路等基础设施。我国经过这些年的快速发展，在基础设施建设领域达到了国际领先水平，与以色列存在巨大的合作空间。双方在基础设施领域和农业科技合作领域已经达成了一些合作成果，如中国港湾工程有限责任公司于 2014 年中标以色列南部阿什杜德港口的建设、在新疆实施了中国—以色列旱区农业示范中心项目等。在下一步的科技合作中，粤港澳大湾区可以从基础工程项目建设、农业科技合作入手，同时深入推动留学生互访、科技论文合著等科技人文领域的交流合作。随着合作的深入，双方还可以在互补的优势领域展开科技园区和联合实验室的建设，搭建技术转移平台，循序渐进地推进科技合作水平的提高。

西亚主要国家的技术优势领域与科技合作需求领域如表 5-10 所示。

表 5-10 西亚主要国家的技术优势领域与科技合作需求领域

国　　家	技术优势领域	科技合作需求领域
阿拉伯联合酋长国	石油、天然气资源产业；炼铝业；制药业；塑料及纺织服装业	基础工业、可再生能源、航天、核电、基础设施建设、通信
埃及	农业；油气产业；纺织工业；汽车业；电力通信业	工业、能源、铁路交通、港口物流、航天科技
沙特阿拉伯	石油、天然气资源产业为支柱型产业；钢铁业；有色金属产业；电力产业；化工产业	石油加工；基础设施建设；机械制造业；跨境电商、人工智能、清洁能源
以色列	农业；机械制造；军事工业；飞机制造；化工；电子和通信设备；精密仪器和医用激光器材；可再生能源；信息通信和高科技产业；生物技术；水技术	新能源行业；通信业；交通、电力、港口等基础设施建设
伊朗	农牧业；石油、天然气工业；汽车工业；通信产业	交通基础设施；能源产业

资料来源：《对外投资合作国别（地区）指南》（2020 年版）。

6．中东欧国家

1）创新资源

中东欧国家具备一定的工业基础，普遍拥有某一领域或者几个领域的优势特色产业，科技水平较高，尤其是重工业、制造业等。例如，捷克和斯洛伐克的汽车制造业，立陶宛的激光产业、生命科学产业，葡萄牙的软件行业，都具备世界较高的技术水平。其中，在创新方面表现较为突出的是葡萄牙。葡萄牙因海域广阔、海洋资源丰富，在海山及热液硫化物研究等方面具有得天独厚的地理优势。近年来葡萄牙大力提倡发展海洋经济，围绕海洋经济大力发展电子信息、生物与新医药、航空航天、新材料技术、高技术服务业、新能源与节能等高新技术领域。葡萄牙科技基金会（简称 FCT）负责管理全葡竞争性科研经费和具体项目，经费预算以国家财政的配套性投入为主,以欧盟的其他相关基金为辅,每年为葡萄牙的科研项目提供大量资金支持。据欧盟委员会发布的《2017年欧洲创新指数记分牌》,葡萄牙的创新能力在欧盟成员国中排第14位,创历史最好成绩。葡萄牙的研究机构有3239家,研究人员有5.3万人,其中,大学的研究人员占56.6%,企业的研究人员占26.7%,非营利私人机构的研究人员占10.5%,政府的研究人员占6.2%[①]。

2)科技合作需求

中东欧国家是中国与"一带一路"沿线国家开展科技合作重点推进的区域。粤港澳大湾区可以尝试通过联委会机制,由广东省、香港、澳门联合中东欧国家建立长效的粤港澳大湾区和中东欧国家科技合作机制,积极吸引和对接全球创新资源,通过设立研发中心、联合实验室、分支研究机构等平台,建设开放互通、布局合理的区域创新体系。此外,中东欧国家的基础设施面临更新换代的处境,粤港澳大湾区可以从工程项目合作入手,寻求更多的高科技项目的联合研发,以此促进各方科技资源的互联互通、经济的共同发展。中东欧主要国家的技术优势领域与科技合作需求领域如表5-11所示。

表5-11 中东欧主要国家的技术优势领域与科技合作需求领域

国家	技术优势领域	科技合作需求领域
立陶宛	生命科学、激光技术、金融科技、交通物流、农业食品、木材加工	农业科技;高附加值制造业;铁路建设
拉脱维亚	林业;交通业;食品加工业	电力基础设施建设;铁路建设
爱沙尼亚	制造业;矿产业;建筑业;IT和电信业	交通等基础设施建设;互联网产业
波兰	农业;钢铁工业;化工工业;汽车工业;电子工业	机械、IT产品、电子、生物医药、新能源

---

① 梁嘉明,刘小丹,黄海滨. 粤港澳大湾区与葡萄牙、巴西科技合作潜力研究[J]. 科技管理研究,2021,41(11):42-52。

续表

国　家	技术优势领域	科技合作需求领域
捷克	汽车及其零配件、机械制造、电气、飞机制造、制药和生物技术、纳米技术和新材料	高技术制造业、服务业及研发中心
斯洛伐克	汽车、电子、冶金和机械制造	人工智能、电动汽车、5G网络建设、自动化、物联网、大数据、区块链
克罗地亚	造船业；食品加工业；制药业	铁路等基础设施建设
塞尔维亚	农业；汽车工业；信息产业	交通、通信等基础设施建设
罗马尼亚	农业；石油化工业；IT产业	能源产业；信息技术；食品加工业
保加利亚	化工业；IT产业；食品加工业	交通等基础设施建设；农业领域
葡萄牙	电子信息；生物与新医药；新能源与节能；新能源汽车	高附加值制造业；基础设施建设

资料来源：《对外投资合作国别（地区）指南》（2020年版）。

5.2.2　对策建议

粤港澳大湾区应进一步发挥港澳的独特优势，响应"一带一路"倡议，加强与沿线国家多层次的科技交流合作，构建以"一带一路"为核心的科技创新国际循环体系，有利于化解逆全球化对国际创新资源流动的影响，积极融入国际科技创新网络。

1. 发挥港澳的国际化优势，支撑粤港澳大湾区建设国际科技创新中心

香港是国际金融中心，专业服务业发达，澳门与葡语国家有着广泛的联系，而且港澳法制程度高、与国际规则接轨，有条件成为推动粤港澳大湾区国际创新资源融通的前沿阵地。在打造粤港澳大湾区科技创新国际循环体系的过程中，港澳可以依托高校、科研平台，与"一带一路"沿线国家开展科研合作、技术转移，吸引全球高层次创新人才。在金融方面，港澳应与"一带一路"沿线国家实现融通发展，联合粤港澳大湾区内其他城市吸引知名企业和科研机构落地大湾区，推动大湾区的企业、技术、标准、服务走出去，融入全球创新格局。

1）发挥香港专业服务业的优势

香港可以通过发挥专业服务业的优势，以促进区域知识产权贸易、促进"一带一路"沿线各国之间的资金融通等方式，参与"一带一路"科技创新合作。

一是针对"一带一路"沿线国家的企业资源有限等情况，香港通过发挥在财务会计、法律税务、风险管理等方面的专业优势，发现企业在科技创新中的短板，帮助企业制订科技规划，建立以自身为主体、以市场为导向、产学研相结合的创新体系，以提升核心竞争力和可持续发展能力。这不仅可以为内地逐步提升软实力和内地企业"走出去"提供支持，还可以为"一带一路"沿线国家提供专业服务，有效推动"一带一路"项目的开展。

二是知识产权保护是创新驱动发展的"刚需"，是国际贸易的"标配"。香港通过充分发挥在知识产权保护及相关专业服务领域的优势，加强自身在区域知识产权贸易中的核心地位，建立知识产权信息交换机制和信息共享平台，为"一带一路"沿线国家提供专业的知识产权服务，为全球创新成果共享牵线搭桥。

三是香港是国际金融中心，金融市场发育成熟，无论是金融机构数量、金融从业人员规模、管理资产总值、IPO 数量，还是其他金融产品发行量、私募对冲基金注册总量等，都处于世界前列。同时，香港拥有高度发达的资讯及通信科技产业，是科技和金融结合的理想之地。此外，香港具备全球离岸人民币业务枢纽地位，能够为"一带一路"沿线国家的项目建设提供多元化的融资渠道，可以在"一带一路"建设中发挥融资中心的作用。香港是全球最大的人民币离岸中心，同时还拥有来自不同国家、多且广的金融专业人才，在国际交易中能够提供专业服务。因此，香港可以进一步探索建立绿色债券市场和绿色信贷准则，推动人民币国际化，探索新型融资模式，撬动社会资本参与"一带一路"建设，构建更加多元化的融资渠道和融资模式。

2）发挥澳门中葡合作平台的优势

澳门可以通过搭建内地与"一带一路"沿线国家，特别是与葡语国家交流合作的通道，充分发挥中葡合作平台的功能，以科技创新合作助力自身经济多元发展。

一是在"一带一路"倡议下,澳门通过推动我国与葡语国家之间的技术转移和创新合作,以提供技术供需信息、技术转移渠道、专业咨询服务,组织高水平的科技会议、人才培训、合作研究等方式,促进区域一体化发展,提升自身科技创新的国际影响力,成为推动内地技术输出的重要窗口和桥梁。

二是以会展业发展为契机,澳门可发挥中葡合作平台的优势,举办国际化科技会展,通过加强科技业界互联互通,推进科技产品展示交易,促进资源优势互补,不断拓展澳门经济多元发展的空间和潜力。

三是利用中央给予的金融政策优势,澳门可发挥自身的葡语国家联络优势,培养熟悉内地、澳门、葡语国家和地区有关法规和业务的科技金融人才,开展面向科技创新的特色金融服务。澳门还可在粤港澳大湾区金融圈内建立葡语平台,推动中葡商贸往来及金融合作的融资租赁业务发展,利用金融手段支持科技研发和创新发展,为中葡投资及贸易往来提供优质的金融服务,提升自身的金融中心地位,促进粤港澳大湾区的社会经济发展。

四是建立科技人才信息网络。许多东南亚国家和地区的侨胞居于澳门,成立了众多的归侨社团组织。通过丰富的人脉关系,澳门可以建立东南亚国家和地区的科技人才信息网络。该信息网络可以为相关国家的高校、科研机构等提供丰富的国际科技人才资源,可以向大型科技公司和快速发展的中小企业提供专业的人力资源服务,包括招聘、猎头服务、企业培训及人才测评等。澳门通过建立科技人才交流的平台,构筑区域性人才市场,促进科技人才的互联互通。

2. 因国施策开展科技合作,推动开放创新向创新链源头延伸

粤港澳大湾区应围绕"一带一路"沿线国家的科技资源和科技发展重点优势领域,在技术引进合作的基础上,进一步加强源头创新方面的资源引进与合作,推动国际创新资源在湾区内的畅通流动和优化配置,提升开放创新广度,形成高水平的科技开放合作格局。

1) 开展面向"一带一路"沿线国家重点领域的技术合作

随着第四次工业革命的到来,粤港澳大湾区在"一带一路"倡议下,应加强与"一带一路"沿线国家在人工智能、大数据、新能源新材料、生物技术等前沿科技领域的合作,打破西方的技术封锁,对提升湾区的科技实力和创新能力具有重要意义。因此,粤港澳大湾区要聚焦各个国家的优势领域和科技需求,因地制宜地开展科技创新合作。

例如,以色列、新加坡和俄罗斯是世界范围内创新能力较强的国家,以色列在军工科技领域、计算机软件、医疗设备、精密机械领域的优势明显,新加坡在生物技术、化工、炼油产业等领域具备优势,俄罗斯在基础科学、计算机、军事工业等领域具备世界领先水平,粤港澳大湾区可以在高端制造业、军事工业、生物医药、化学与化工等领域与这些国家深入开展联合研发型技术合作。东南亚、南亚等国家主要以传统农业为主,粤港澳大湾区与这些国家的科技创新合作应该侧重于农业科技和基础设施建设输出,在海洋科技等双方需求契合的领域开展联合研发。中亚、西亚的国家大多是依靠石油、天然气等资源发展的国家,粤港澳大湾区可以在能源、石化等领域与其展开技术合作。中东欧国家普遍在某些科技领域拥有一定的技术基础,粤港澳大湾区可以发挥自身在基建和制造业等领域的技术优势,与其开展技术互换和联合研发。

2) 推动国际合作向创新链源头延伸

粤港澳大湾区应对接共建"一带一路"科技创新行动计划,采取更加开放、务实的举措促进技术、数据、人才、资本等方面的合作,积极引进"一带一路"沿线国家的专利、技术、成果并在大湾区内中试熟化。建设国际化技术交易市场,加强国际合作,鼓励技术转移机构创新服务模式,为企业提供跨领域、跨区域、全过程的技术转移集成服务。支持龙头企业与"一带一路"沿线国家共建中试服务基地、产业园,加速科研成果在粤港澳大湾区的产业化,培育一批具有国际竞争力的跨国创新型企业。着力推动国际合作向创新链源头延伸,吸引"一带一路"

沿线国家的知名科研机构、高校、跨国企业在粤港澳大湾区设立研发中心、新型研发机构等创新平台，面向国际科技前沿开展联合研究。支持企业、高校、科研院所在"一带一路"沿线创新基础良好的国家设立研发中心、联合实验室、分支研究机构等，整合"一带一路"沿线国家的研发人才和技术等资源，开展基础研究与应用基础研究。鼓励各类创新主体开展国际科学技术合作与交流，积极参与科学研究活动，发挥粤港澳大湾区的高校院所资源优势，鼓励高校院所制订国际合作研究计划，探索面向全球开放基础研究岗位。支持各类创新主体和科学技术人员积极参与和发起国际大科学计划和大科学工程，通过高水平的开放创新，提升基础研究能力，为粤港澳大湾区的创新发展提供原动力。

3. 拓展与创新型国家的合作空间，促进国际创新资源畅通循环

粤港澳大湾区应在以"一带一路"为核心形成科技创新国际循环的基础上，加强与欧美创新型国家的科技合作，以科技人文交流为先导，建设高层次开放平台，布局打造一批国际科技合作战略支点，充分利用全球高端创新资源，努力成为双向循环的重要节点和全球创新网络关键枢纽。

1）加强创新的国际化布局

粤港澳大湾区应加强与世界主要创新型国家多层次、多领域的科技交流合作，完善多边科技合作机制，大力吸引欧美顶尖实验室、科研机构、高校、跨国企业在湾区内设立科学实验室、全球研发中心和开放式创新平台。鼓励相关单位以国际合作的方式开展重大项目的基础研究。鼓励龙头企业、高校、科研机构设立海外研发机构、离岸创新中心、国际共享平台等，在全球创新密集地区布局离岸孵化器，整合并利用国际创新资源。加强主要创新型国家或地区知识产权保护法治环境的分析研究和成果发布，引导企业等市场主体有效利用知识产权国际规则，重点面向世界创新大国、"一带一路"沿线国家积极开展海外知识产权布局，广泛开展知识产权贸易，提升海外市场竞争力。

专栏 11

国际创新资源聚合模式

核心企业聚合模式：突出行业巨头企业网络的连接，即以创新为核心，以"研发中心—转化中心—生产中心—市场中心"的逻辑为主导，沿着产业链上下追溯，行业巨头企业逐渐聚集创新资源，构建产业创新生态圈。建议粤港澳大湾区以核心企业为主体，带动国内外相关上下游企业，以及有潜质的初创型科技企业和创业团队聚集发展，发挥创新资源的虹吸效应，形成核心企业创新资源集聚地。

区域平台聚合模式：突出区域化发展，构建若干重大平台，加强企业与人才的进入，并实现本土化、集聚化发展。建议粤港澳大湾区加大力度部署大科学装置、国家实验室、重点实验室等重大创新功能型平台，规划建设一批聚焦产业技术研发和成果转化的平台，聚集全球创新资源。

新型研发机构聚合模式：以新型研发机构为主体的聚合模式，主要是以孵化机构的方式呈现的，突出初创企业，以小模式、小批量进行产业化，为企业发展提供支持。新型研发机构在领军科学家或首席科学家的带领下，以实验室为载体围绕相关领域展开理论研究与应用开发，推动相应产业的发展，而产业发展又促进了研究与开发所需要的人力、物力及相关要素的进一步投入，形成产业和金融的良性循环。建议粤港澳大湾区以建设新型研发机构的方式聚集全球创新资源，带动产业转型与升级。

大学园区聚合模式：通过引入著名高校及其研究院，大力吸引高素质人才与专业技术人员，进一步加强科研机构与产业资本的联合，为企业与产业的发展提供智力支持。粤港澳大湾区建设系列联合实验室，既可以为大湾区内外的研究人员提供合作平台，吸引国内外高端创新人才，又可以为企业的发展提供支持。

> 新兴产业聚合模式：突出新技术导入，以新兴产业、金融资本与人力资本融合为切入点，形成新兴产业有效聚合创新资源的发展模式。新兴产业由于在技术上抢占全球高地，可以生产众多全球领先的高科技产品，进而形成自身的产业竞争优势。依托这些产业竞争优势，新兴产业的所属企业可以便利地在全球范围内并购或开设分支机构，以及联合更高层次的大学和科研院所，加大海外布局的广度与力度，快速地同全球顶级创新资源在更高层次上融合，提高创新技术转化和产品产业化的水平。可见，粤港澳大湾区可以借助新兴产业发展的有利优势，大力布局高技术产业、未来产业，从而更加快速有效地聚合全球创新资源。

2）构筑国际产业链供应链节点

粤港澳大湾区应大力培育具有整合全球资源能力的本土领军企业，鼓励有实力的企业提升海外优质资源配置能力。支持企业在研产销全链条上拓展境外投资，加快布局境外物流配送中心、分销服务网络、委托生产基地，积极打造全球化供应链体系。鼓励领军企业设立产业基金，瞄准产业链上的关键环节、核心技术，加强科研攻关，面向海外实施兼并重组，成为国际"链主"企业。持续吸引科技型跨国公司的地区总部和外资研发中心、设计中心、营销中心、结算中心等功能性机构入驻。

3）打造高层次的开放平台

粤港澳大湾区应与联合国的科学技术组织加强联系，积极向国际科技组织、高层次研究计划或机构派遣专家、学者及研究人员。加强对接国际科技规则，鼓励国际科技组织在大湾区内设立分支机构或创新平台，支持大湾区的企业和科研机构参与国际科技创新合作，与国际科技组织共同举办科技创新活动。深化与"一带一路"国际科学组织联盟（ANSO）的合作，举办好大湾区科学论坛，不断提升其影响力。加强与世界知名跨国企业、高水平研究院、重大创新平台、实验室、一流大学对接合作，争取更多研发中心或分支机构落户粤港澳大湾区，培育国际

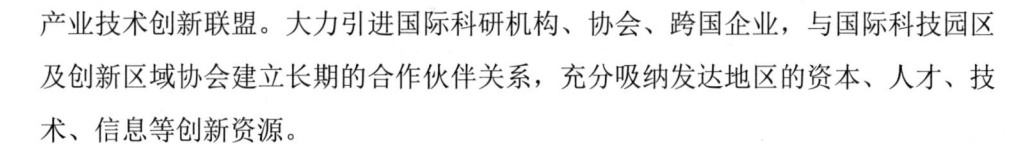

产业技术创新联盟。大力引进国际科研机构、协会、跨国企业，与国际科技园区及创新区域协会建立长期的合作伙伴关系，充分吸纳发达地区的资本、人才、技术、信息等创新资源。

4）加强科技人文交流

粤港澳大湾区应重点加强与"一带一路"沿线国家及欧美国家的留学生交流、科技人才联合培养，以及学者智库交流。具体而言，可以采取在主要创新型国家建设科技培训中心的方式，广泛构建交流平台，以促进与创新型国家之间的科研人员交往和创新政策交流。充分发挥科技创新合作中科技人文交流的先导作用，增进科技界的相互信任和理解。一方面，各创新型国家的政治、经济、社会发展情况各不相同，宗教信仰多元，以科技人文交流为切入点可有效避开体制、文化、意识形态和国别的障碍，使各国科研人员增进相互了解，深化合作的民意基础，实现科技合作领域的民心相通。另一方面，深化科技人文交流可促进各国科技信息的沟通，有利于各国在科技合作领域取长补短，以论文合著、科研培训等方式促进知识传播，扩大知识存量。

第 6 章

粤港澳大湾区科技创新"双循环"生态系统的建设保障机制

> 在创新生态系统中,有效的科技创新体制机制是其顺利运行的动力和基础。以体制机制改革为切入点,破解阻碍国际创新资源与粤港澳大湾区的对接难题,促进大湾区内部创新资源的跨区域流动,是实现粤港澳大湾区科技创新"双循环"生态系统的重要保障。

6.1 构建多元、长效的基础研究投入机制

6.1.1 完善多元、稳定的科技资金投入机制

加强对基础研究项目、战略性研究项目和教育的投入，加快形成以政府投入为主、社会投入多元化的机制，推动基础研究的财政投入持续增长。在政府投入方面，建议将现行的由承担单位提供配套资金的做法，改为政府对企业的创新项目给予补贴，如对增加研究开发投入的企业、应用新技术开发新产品的企业、开展产学研合作的企业等给予税收优惠等。同时，引导企业和金融机构以适当方式加大对基础研究和应用基础研究的投入，推动企业与省自然科学基金设立联合基金，或独立建立基础研究基金，鼓励创新型企业通过设立国家重点实验室和国家工程实验室等创新平台，加大对基础研究的投入。探索民间捐赠、非政府组织公益创新投入、科技彩票等一批新兴科技投入模式，鼓励社会以捐赠和建立基金等方式多渠道投入，扩大基础研究资金的来源。进一步改进基础研究项目的竞争性经费和稳定性经费的资助机制，加大财政投入力度，优先满足重大任务攻关的资金需求，严格落实地方财政资金及企业自筹资金，确保资金按约定及时到位。改革重大科技管理项目投入机制，按照项目分类，延长资助周期或建立分期考评机制，实现阶段性滚动资助，确保资金的可持续性。

6.1.2 构建基础研究和应用研究的融通机制

完善基础研究任务征集机制，探索前沿性、原创性科学问题的发现和提出机制，完善颠覆性和非共识性研究的遴选和支持机制，努力实现更多"从 0 到 1"的突破。构建从国家安全、产业发展、民生改善的实践中提炼基础科学问题的机制，完善自由探索和需求牵引相结合的立项机制，建立以产业目标为导向的基础研究

和应用研究项目库。面向重大前沿科学问题建立快速立项、强化绩效的管理机制，对原创性项目开通绿色评审通道。建立重大科技基础设施成果转化对接机制，组建重大科技基础设施管理服务中心，探索以市场化方式发现、挖掘、验证已产生的前沿科技成果或衍生成果，实现科技成果落地转化。探索建立社会资本的激励与保障机制，推进"科技产业金融一体化"，发挥硬科技属性评价机制和政策激励的作用，引导社会资本流向硬科技。完善关键核心技术的税收优惠政策，探索对关键核心技术的攻关研发活动给予特惠。建立重大任务承担企业上市优先通道，提高重大任务承担企业的研发费用加计扣除比例。突出市场和用户对攻关产品的水平和价值的评判。建立并完善针对关键核心技术应用产品的首台（套）采购机制，实施首台（套）重大技术装备保险补偿试点，以市场化方式破解重大技术装备成果应用瓶颈。

6.1.3 探索符合基础研究规律的评价机制

根据项目类型或属性，在进行充分调研、科学遴选的基础上，确立明确的资源投入依据，并建立适用于不同类别的基础科学研究项目的投入前评价机制和投入后评价机制，防止政府、企业"浪费性"和"盲目性"的资源投资。对自由探索类、目标导向类和交叉学科研究等基础科学研究项目实行以质量、贡献、绩效为导向的分类评价。实行严格的知识产权保护和以增加知识价值为导向的分配政策，提高基础科学研究投入回报，营造"鼓励创新、允许试错、包容失败、问责无为"的创新氛围，使得创新人才的作用得以充分发挥。

6.2 构建企业主导的关键核心技术攻关机制

6.2.1 强化企业的技术创新主体地位

发挥企业在科技创新中的主导作用，破除一切束缚科技体制的藩篱，打通科技、产业、金融三者之间的通道，着力构建"政产学研介"平等参与、协同开放的科技创新治理体系。建立常态化的企业技术创新咨询机制，充分发挥市场对技术研发方向、路线选择、要素价格等各类创新要素配置的导向作用，拓展创新方向和项目征集渠道，完善面向企业需求的服务机制，征集企业技术需求编制项目指南，引导企业参与项目评审，让企业成为技术创新决策、研发投入、科研资源组织、科技成果转化应用的主体。支持科学家、企业家、投资人共同参与技术研发方向选择和资源组织，提升企业家、产业专家在重大科技项目立项中的参与度和话语权，支持企业牵头实施重大科技项目，形成企业主导、高校和科研机构支撑、投资机构深度参与的立项筛选方式，将获得风险投资的企业研发项目优先纳入立项支持的范围。支持企业整合粤港澳大湾区的高校优势科技资源，在重大基础研究和关键核心技术突破等方面形成联合攻关机制。鼓励领军企业通过研发战略合作、产业链供需对接、技术交叉许可、投资并购重组等方式推进大中小企业的融通创新。健全新技术新产品推广机制，探索建立科技型中小企业创新产品政府采购制度，加大装备首台（套）、材料首批次、软件首版次等创新产品的政府非招标采购力度，支持医疗创新产品优先进入三级医疗机构使用，带动企业新技术研发及产品迭代的升级。

6.2.2 优化市场导向的创新组织机制

聚焦制约粤港澳大湾区重点产业发展的关键领域，共同梳理粤港澳大湾区的"链主"企业或骨干单位，从根本上对基础产业链进行再造，提炼可取得突破且需要跨区域解决的需求，联合发布需求"榜单"。加快提升区域科技领军企业的创新引领能力，以市场化方式联动产业链上下游企业、科研机构等力量，跨区域组建创新联合体。建立"产业界出题、科技界答题"的机制，实施"揭榜挂帅""赛马""业主制"等新型项目管理模式，围绕基础材料、核心零部件、重大装备、工业软件等制约产业发展的薄弱环节，有的放矢地组织开展关键核心技术攻关，补齐短板，缩短核心技术与世界先进水平的差距。建立颠覆性技术创新项目非共识评审、项目专员持续跟踪、政府和风投联动、逐步加码投入的支持机制。探索建立重大科研任务的直接委托机制和"军令状"责任制。发挥粤港澳大湾区国家技术创新中心作为国家战略科技力量的核心引领作用，依托集专业研究所、海内外战略合作高校、企业联合创新中心于一体的粤港澳大湾区产业技术创新体系，发挥其在关键需求提炼、人才团队引培、财政资金高效使用及关键技术协同攻关上的体制机制优势，围绕重大任务加强创新资源跨区域、跨领域配置，促进区域创新要素自由流动、创新主体高效协同，激发科研团队的创新创造活力，组织开展关键技术联合攻关。

6.3 构建更加灵活的科技成果转化机制

6.3.1 健全科技成果转化的激励机制

推进职务科技成果所有权赋权改革，赋予科研人员职务科技成果的所有权或长期使用权，加大科研人员成果转化的现金奖励和股权激励。探索深化职务科技成果单列管理，在职务科技成果专门管理制度和监管机制建立的前提下，国有资产审计、清产核资不再包括职务科技成果，作价入股形成的国有股权减值及破产清算不纳入国有资产保值增值管理。授权高校院所办理科技成果作价投资形成国有股权的转让、无偿划转或者对外投资等事项，除涉及国家秘密、国家安全及关键核心技术外，不需要审批或者备案。明确尽职免责界定和免责情形，解决科研人员和管理人员之间"不敢转"的问题。高校院所通过在技术交易市场挂牌交易、拍卖等方式确定价格的，或者通过协议定价并公示的，在单位负责人及相关人员履行勤勉尽责义务、没有牟取非法利益的前提下，免除其在科技成果定价中因科技成果转化后续价值变化产生的决策责任。健全审计结果、监督结果、检查结果跨部门互认机制。鼓励高校院所建立科技成果转化绩效评价与激励机制，构建以科技创新质量、贡献、绩效为导向的分类评价体系，对主要从事应用研究、试验开发的科研人员进行评价，应加大成果转化、技术推广等领域评价指标的权重，作为其职务晋升、职称评审、奖励评选的重要依据，减少论文数量要求，激发科技成果转化人员的积极性。积极落实技术服务增值税减免政策，对提供技术转让、技术开发及与之相关的技术咨询、技术服务的企业免征增值税。

6.3.2 建设开放联动的技术要素市场

以市场需求为导向建设开放联动的技术要素市场，是促进科研供给和市场需求对接的桥梁。因此，要以将粤港澳大湾区打造成全球技术交易枢纽为目标，营造开放公平的技术要素市场环境，具体要做到以下几点。

加速粤港澳大湾区跨境技术交易应用示范，扩大科技领域对外开放，努力破除制约创新要素跨境流动的障碍。在市场准入准则制定方面，秉承公开、公平、合理的原则，为不同层面的科技创新主体营造公平竞争的市场环境，以保证各主体能够平等获取创新资源。完善科技成果、知识产权的市场化定价和交易机制，建立健全协议定价、挂牌交易、拍卖、资产评估等多元化科技成果的市场交易定价机制。以珠三角成果转移转化示范区的建设为引领，整合粤港澳大湾区现有的技术转移服务平台，建立面向全球的科技成果信息发布、转移、转让、授权的科技成果转移转化服务体系和科技成果交易中心。依托深圳证券交易所建立连接技术市场与资本市场的全国性综合服务平台，为科技成果和知识产权的交易、转移、转化提供一站式服务。完善确权、登记和公示等基础功能，优化科技成果和知识产权的信息管理、检索分析，提供评估、咨询、匹配、投融资对接等一揽子生态服务，加速科技成果转化。发挥粤港澳大湾区国家技术转移机构的示范、辐射、带动作用，促进区域科技成果的转移转化。加强华南技术转移中心、广东高校科技成果转化中心等龙头骨干技术转移机构的建设，为技术转移提供技术筛选、交易对接、知识产权管理等专业服务。

6.3.3 加大金融工具的支持力度和强度

积极探索综合运用后补助、引导基金、风险补偿、科技保险、贷款贴息等方式支持成果转化。探索在科技成果的概念验证、中试、产业化等不同阶段采取差异化的金融支持方式。支持粤港澳大湾区探索建立科技成果转化收益共享机制，鼓励设立产业投资、创业投资、股权投资、科技创新、科技成果转化等的引导基金。发挥政府创业引导基金和成果转化基金的带动作用，引导投资机构投早、投小，加强对种子期、初创期科技企业的支持。探索"投资+孵化"模式，鼓励创新创业载体设立天使投资基金。支持金融机构设立专业化的科技金融分支机构，优化科技型企业评价体系，丰富投贷联动的融资服务模式，加大对成果转化的金融支持力度。鼓励有条件的地方开展科技成果转化贷款风险补偿试点。鼓励创新科技金融产品，通过采用知识价值信用贷款、预期收益质押、知识产权证券化、科技保险等方式，推动科技成果资本化。优化科技成果转化的制度环境和生态环境，培育一批具有国际竞争力的创业投资机构，吸引具有全球影响力的国际创投机构在粤港澳大湾区投资。鼓励地方政府出台政策吸引创业投资机构在本地落户，推动粤港澳大湾区成为创业投资集聚地。落实对投资粤港澳大湾区处于种子期、初创期的科技型企业的奖补等支持政策。建立健全符合创业投资行业特点和发展规律的国有创业投资机构考核制度，完善创新创业领域的政府投资基金绩效评价办法，构建政府资本与社会资本"风险共担、利益共享"机制，调动各方参与科技成果转化的积极性。

6.4 构建科学有效的人才引进培育机制

6.4.1 完善人才流动机制

以广州南沙自贸区、深圳前海蛇口自贸片区、珠海横琴自贸区等为试点，推动人才政策互通，实现人才流动便利化。一是破除粤港澳三地在税收、出入境、执业资格等方面的壁垒。优化粤港澳大湾区个人所得税优惠政策,借鉴海南免签新政的经验,允许境内外人才以旅游、学术交流、创新创业合作等形式免办签证入境并延长停留期限。推动粤港澳大湾区内地九市的外国高端人才资质互认,探索外国高端人才经同意并备案后,在粤港澳大湾区内地九市兼职工作、创新创业。允许在粤工作的港澳人才牵头申报省级科研项目,其科研成果在粤转化并取得一定社会效益和经济效益的,可以提名参评广东省科技进步奖,为人才跨境、跨行业、跨体制流动提供便利条件。

二是建立具有竞争力的国际人才吸引制度。优化外籍人才来粤工作、居住的手续,科技部门与出入境管理部门联动,实施外籍人才湾区通,探索外国人来华工作许可和工作类居留许可"一窗受理"工作模式并在粤港澳大湾区推广应用。扩大外国人才签证受益面,给予持证人免办工作许可和工作居留许可的权益。推动广州市、深圳市制定外籍"高精尖缺"人才标准,为引进国外高端创新人才开设外籍人士停居留特别通道,放宽重点引进的外籍人才及其配偶、未成年子女工作居留的政策。推动国际人才跨境便利执业,在粤港澳大湾区开展职业资格跨境认可工作,允许符合条件的旅游、设计、建筑等领域具有境外职业资格的专业人才备案后在粤港澳大湾区内提供服务。实施有利于吸引人才的税收政策和补贴政策,通过财政补贴的方式为满足条件的人才减免税收,通过购房补贴、租赁补贴等方式,为引进的高层次人才提供多渠道的住房保障。

三是探索完善校企、院企科研人员"双聘"或"旋转门"机制,建立健全科研人才双向流动机制。改进科研人员的薪酬和岗位管理制度,破除人才流动的体制机制障碍,促进科研人员在事业单位和企业间的合理流动。符合条件的科研机构的科研人员经所在单位批准,可带着科研项目和成果、保留基本待遇到企业开展创新工作或创办企业。允许高等学校和科研机构设立一定比例的流动岗位,吸引有创新实践经验的企业家和企业科技人才兼职。试点将企业任职经历作为高等学校新聘工程类教师的必要条件。加快社会保障制度改革,完善科研人员在企业与事业单位之间流动时的社保关系转移接续政策,促进人才双向自由流动。

6.4.2 完善人才培养机制

以国家战略和粤港澳大湾区发展需求为导向,整合粤港澳大湾区内的创新资源与城市的市场资本、政策优惠、公共服务等,推动人才工作一体化发展,建立区域人才、项目、政策的协同机制,打破用人单位之间、区域之间人才培养的藩篱,改进人才培养方式,在多方协作创新中构建梯度育才机制,培养一批具有国际水平的战略科技人才、科技领军人才和创新团队,建立有利于青年科技人才脱颖而出的机制。培育"帅才型科学家",建立促进产学研深度融合的体制机制,探索"创新+创业""科技+资本""战略+科学"等新范式,探索和完善战略科学家的培养方式和实现路径,以更大的政策力度推动促进科技创新与高技术产业跨越发展的"领路人"脱颖而出。培养具有国际竞争力的青年科技后备军,构建开放、流动、竞争、协同的用人机制,支持省实验室、高校、科研机构、企业联合培养青年人才。加强产业人才培育,统筹产业发展和人才培养开发规划,加强产业人才需求预测,加快培育重点行业、重要领域、战略性新兴产业的人才。积极开展"订单式"培育,推动高校人才培养更好地服务科技创新和产业发展。深化产教深度融合,联合高校、科研机构、企业共同设立产业学院,实施卓越工程师培养计划,探索产学研合作培养人才制度,实行学术和产业双导师制。发挥高校作为人才培养主阵地的作用,改革基础前沿领域人才培养机制,深化研究生招生管理改革,将博士研究生和硕士研究生增量计划重点投向集成电路、人工智能、生物医药等国家战略急需的学科专业,强化数学、物理、化学、生物等基础学科的拔尖人才培养。建立紧缺人才培养快速反应机制,对接区域和城市发展需求,新建设一批急需的一级学科博士点和硕士点。以国家产教融合型城市建设试点为契机,用好目录内本科专业设置自主权和目录外应用型本科专业省级统筹权,持续加大新工科、新医科、新文科等专业的比重,打通"中职—高职专科—应用型本科"职业教育人才衔接培养通道,健全"校企双制、工学一体"的协同育人模式,着力培养适应"四新经济"和产业发展所需的高素质人才。

> **专栏 12**
>
> **粤港澳大湾区联合培养人才计划**
>
> 以建设粤港澳大湾区国际教育示范区为契机，积极拓展研究生层次合作办学，支持中外、内地与港澳合作办学机构开展研究生教育。支持培养单位探索与港澳台高水平高校的人才培养对接，创新研究生联合培养模式，支持内地培养单位、企业、科研机构与港澳台高校联合开展研究生培养，在专业认证、学分互认、课程共建共享、科研成果分享转化等方面不断深化合作。积极扩大与国外高水平大学的合作交流，吸引优秀的国际学生来粤攻读硕士、博士学位。深入开展与"一带一路"沿线国家的研究生教育交流合作。持续推进实施优秀青年科研人才国际培养计划。
>
> 资料来源：《广东省教育厅 广东省发展改革委 广东省财政厅关于加快新时代研究生教育改革发展的实施意见》。

6.4.3 完善人才评价机制

以激发人才活力为目标，建立以能力、质量、实效、贡献为导向的人才评价机制，根据不同学科、专业和行业的人才要求，分类设计出既能满足人才主体成长需要，又能满足专业发展与国家社会进步的科技人才评价制度体系，充分体现知识、技术等创新要素的价值。

对从事基础研究的高端人才进行评价，要逐步实行国际同行评议的方式，评估学术成果的前沿性和学术贡献，并实行长周期评价，鼓励基础研究人才潜心研究。对应用型科技人才进行评价，应逐步改变过度注重论文、项目等量化指标的评价方式，突出强调评价对象已进行的科研工作的社会效益和经济效益。对企业技术研发人才和创业人才进行评价，要改变将学历、职称等作为主要评价标准的方式，使真正具有创新实力的青年科技人才能够入选科技人才计划和承担政府科技计划，鼓励和支持他们在创新实践中脱颖而出。

赋予用人单位更多"话语权"，发挥用人单位在人才评价、引进、培养、使用中的积极作用，减少不必要的政府性评价活动，加强业内评价、第三方评价，坚决破除"唯论文、唯职称、唯学历、唯奖项"的评价标准。全面推行职称分类评价标准和代表作评审制度，对科技人才进行差别化分类评价，突出评价科研成果的质量和原创价值。坚持教育、激励、监督、惩戒相结合，加强科研诚信和监管机制的建设。大力弘扬科学家精神，引导广大科技工作者秉持国家利益和人民利益至上。强化科技界联合惩戒机制，以"零容忍"的态度加大对科研不端行为的查处力度和公开曝光，切实净化学术环境，推动学风实质性改观。

6.4.4 完善人才激励机制

对于科研机构，特别是从事基础研究、前沿技术研究和公益技术研究的科研机构，加大稳定支持的力度。完善与现阶段相适应的薪酬制度，探索弹性工资总额制度，增强用人单位人事薪酬制度的激励导向性，建立充分体现科研人员能力、业绩、贡献的薪酬制度。借助高等院校及科研机构的育才引才相关政策，激发科研人员创新创业的热情，大力提升其对基础研究及原创性研究的积极性。完善科研人员职务发明成果权益分享机制，探索赋予科研人员职务科技成果的所有权或长期使用权。深化科技领域"放管服"改革，给科研人员"松绑"，在项目申报、表彰奖励、人才引进中降低或消除在院校、资历、头衔、学术成果等方面设置的不合理门槛，充分尊重科研人员，在科研项目中探索试行基于信任的首席科学家负责制，赋予科研人员更大的技术路线决定权、经费支配权和资源调度权。实行科研项目分类管理，加大对科研人员的绩效奖励力度。允许科研人员依法依规适度兼职取酬，持续激励广大科研人员在新时代勇担新使命、展现新作为、创造新业绩。

6.5 构建公平开放的创新环境保障机制

6.5.1 完善科技创新统筹协调机制

发挥粤港澳大湾区建设领导小组的优势，统筹协调粤港澳大湾区各城市发展，释放跨域政府机构的治理效能；保证广东省粤港澳合作促进会、广州市粤港澳大湾区经济文化促进会等半官方和非政府组织及协会的独立性，为粤港澳三地经济、科技的协同发展提供科学建议。打破粤港澳大湾区行政区域间的各种限制和壁垒，建立符合创新规律的跨区域政府管理和协调制度，探索建立大湾区科创联席会议协调机制、科技创新战略框架、科技创业合作框架、标准体系合作机制，推动各区域在发展中求同存异，促进各区域更有效率地合作和更高质量地协同发展。加强区域基础层次网络建设，聚焦重大科技发展需求，进一步优化区域创新布局，超前规划布局基础研究、应用基础研究、国际前沿技术研究和科技成果转化。聚焦粤港澳三地的主导产业领域，鼓励企业和科研机构搭建跨区域研发平台、专业化平台、虚拟化集群网络等，建设和完善协同式创新、集群式研发的创新生态链。明确粤港澳三地的创新主体身份，将便利型、发展型的试点政策的受益主体范围进一步扩大，使粤港澳大湾区的创新主体在税收、教育、医疗等方面能够获得均质化服务。着力构建"政府负责、业界协同、公众参与"的现代化治理体系，加强粤港澳大湾区的政府与科技界、产业界、金融界及社会各界的沟通，构建企业、科研机构、社会组织、居民等广泛参与的创新发展新体制。广泛听取知名科学家、社会专家及各类创新主体对科技创新的重大事项的建议，鼓励智库、协会、学会等社会组织参与创新治理，引导社会公众参与粤港澳大湾区的科技创新治理，建立重大规划、重大政策的社会公示和公众参与制度，广泛听取、吸纳社会各界人士的意见和建议，推进决策、监督、执行分离，提高决策的科学化水平和民主化水平。

6.5.2 构建开放创新的协同合作机制

以全球视野谋划和推动创新,实施更加开放包容、互惠共享的国际科技合作战略,更加积极地融入全球科技创新网络,以构建全球创新合作体系为抓手,有效提升粤港澳大湾区科技创新合作的层次和水平,加强其与世界主要创新国家的多层次、广领域的科技交流合作,积极参与和构建多边科技合作机制。深入实施共建"一带一路"科技创新行动计划,拓展民间科技合作的领域和空间,合作建设面向"一带一路"沿线国家的科技创新创业联盟,为各国共同发展创造机遇和平台。

一方面,设立面向全球的科学研究基金,启动一批重大科技合作项目,实施科学家交流计划,积极参与和主导国际大科学计划和工程,深度参与全球科技治理,力争成为未来科技竞争规则的重要制定者和比拼赛场的主导者。另一方面,围绕创新驱动发展的战略要求,完善从基础前沿、重大共性关键技术到应用示范的全链条政府间的科技合作布局,加快建成世界主要科学中心和创新高地。广泛参与多边机制中关于创新议题的磋商,聚焦人类安全、粮食安全、气候变化等事关全球可持续发展的重大问题并提供解决方案。构建国际化科研环境,形成有国际竞争力的人才培养和引进制度体系,大力提升科研管理、平台建设的国际化水平,提高国际科技人才在重大科学研究任务和大科学工程实施中的参与度。

6.5.3 优化知识产权保护运用机制

实行严格的知识产权保护制度,完善有利于激励创新的知识产权归属制度,加强知识产权维护体系建设,建立粤港澳大湾区知识产权案件跨境协作机制,统一知识产权执法标准,探索建立知识产权第三方担保机制和高效、便捷的知识产权纠纷多元化解决机制。合作制定粤港澳大湾区知识产权战略,推动粤港澳知识产权的创造、运用、保护及贸易发展。建立财政资助科研项目形成知识产权的声明制度,实施重大项目知识产权全流程管理,探索高价值专利挖掘和转化应用,推动粤港澳大湾区科技成果的转移转化。鼓励企业、社会团体参与知识产权领域的国际合作交流，建设知识产权国际服务平台，对接海外知识产权服务机构和专家资源，围绕跨境知识产权申请、运用、保护、维权等方面，提供一站式咨询和信息服务。优化知识产权服务贸易的政策环境和发展举措，完善知识产权国际纠纷解决的服务机制。建立海外知识产权风险预警和应急响应机制，定期发布相关国家和地区的知识产权制度等信息，为出口企业、海外参展企业、海外投资企业提供知识产权预警分析服务，防范知识产权国际风险。建立健全产业专利导航决策和服务机制，拓展专利导航服务中研发创新、企业经营、招商引资、产业规划的应用场景和方法路径，围绕下一代通信技术、生物医药、新材料、装备制造、汽车等粤港澳大湾区的重点产业领域，加强原创性技术和前沿技术的突破。改革国有知识产权归属和权益分配机制，建立粤港澳大湾区国际知识产权交易平台，促进技术要素与资本要素的融合发展，助力高端知识产权服务业发展。

6.5.4 完善创新资源自由流动机制

建立创新资源跨地区配置机制，消除资金、技术、信息、人才等创新资源跨区域流动的障碍，实现粤港澳大湾区创新资源的供需均衡和优化配置。

一是完善粤港澳大湾区跨境金融合作机制，促进深港两地的资本市场深度融合，在风险可控的条件下有序推动金融产品跨境流通。通过设计新型制度，进一步扩大外资的市场准入范围，实现境外资本在粤港澳大湾区的便利流通，为企业创新发展提供金融支持。

二是加强科技基础设施和公共服务平台的共建共享，建立科技报告、数据信息、测试服务、大型仪器相关方面的制度，保证信息报告、信息公开、信息开放、互通互联。鼓励相关创新主体间共享资源，努力提高科技创新资源的使用率。推进科研设备和材料在粤港澳大湾区内便利通关，并给予进出口税收支持。

三是依托数字技术加快创新要素市场建设，构建以供需精准对接为目标的跨区域联动服务机制，通过搭建粤港澳大湾区科技资源数据中心和精准服务平台，

第6章 粤港澳大湾区科技创新"双循环"生态系统的建设保障机制

整合、重组三地的科技资源信息，促进供需双方精准对接。打破粤港澳大湾区内创新主体面临的行政壁垒和信息壁垒，探索建立粤港澳大湾区数据跨境流动创新机制，加快推动教育、医疗、交通等公共服务领域的数据资源开放共享。

四是进一步建立和完善创新收益分享机制，促进粤港澳大湾区内地区间创新能力的协同提升。一方面，建立创新成果跨地区转移转化机制。将技术专利、科技型企业、新产品、科学家的智力成果和技术市场纳入粤港澳大湾区的创新成果转化综合体系，搭建地区间快速实现信息共享、成果转化和商业化的渠道，激发企业的内在活力。另一方面，完善创新成果的税收分享机制。针对粤港澳三地不同的税制，对科技成果的市场收益分配采取一致性的政策安排，激发创新创业资本在港澳两地与粤港澳大湾区其他城市间的快速流动。将粤港澳大湾区核心城市的部分功能向周边城市迁移，如将核心城市的高校资源、企业研发部门、公共检测认证中心、数据处理中心、金融服务平台等转移到外围城市，缩小地区间的创新鸿沟，实现创新人才、创新资本、技术成果、创新平台等要素和资源在粤港澳大湾区各城市间的均质配置和有效流动。

参考文献

[1] 张贵,姜兴,蔡盈. 区域与城市创新生态系统的理论演进及热点前沿[J]. 经济与管理,2022,36（04）：36-45.

[2] 郑明,谢文娴,刘洢颖,王莉军,刘志辉,普丽娜. 基于科技创新资源配置系统理论的区域科技创新资源评价——以长三角地区为实例[J]. 情报工程,2021,7（02）：33-45.

[3] 白雪飞,杜娟. 创新生态系统资源优化配置的模式与路径[J]. 沈阳师范大学学报（社会科学版）,2018,42（06）：77-81.

[4] 陈衍泰,夏敏,李欠强,朱传果. 创新生态系统研究：定性评价、中国情境与理论方向[J]. 研究与发展管理,2018,30（04）：37-53.

[5] 李雯,解佳龙. 创新集聚效应下的网络惯例建立与创业资源获取[J]. 科学学研究,2017,35（12）：1864-1874.

[6] 张贵,温科,宋新平等. 创新生态系统：理论与实践[M]. 北京：经济管理出版社,2018.

[7] 温凤媛,白雪飞. 基于多主体的创新生态系统资源配置优化路径探析[J]. 沈阳师范大学学报（社会科学版）,2019,43（4）：5.

[8] 董铠军,杨茂喜. 浅析创新系统与创新生态系统[J]. 科技管理研究,2018,38（14）：9.

[9] 隋映辉. 神奇的城市创新生态系统[J]. 商周刊,2003（46）：1.

[10] 王金涛. 搭建协同创新平台 赋能区域经济发展[J]. 中国科技产业，2022（08）：18-20.

[11] 邢娜，刘彤军，孙晶. 智能制造协同创新平台的构建[J]. 自动化技术与应用，2022，41（06）：184-186.

[12] 孙传良. 构建协同创新平台 促进科技成果转化——评《高校科技成果转化与协同创新》[J]. 山西财经大学学报，2021，43（10）：135.

[13] 杨丰悦. 网络环境下区域协同创新平台模式及机制与政策研究[J]. 中国管理信息化，2021，24（16）：144-145.

[14] 韩海庭，孙圣力，刘永政，水腾飞. 基于自组织理论的创新集群发展研究[J]. 技术与创新管理，2019，40（06）：665-672.

[15] 孙静林，穆荣平，张超. 创新生态系统价值共创：概念内涵、行为模式与动力机制[J/OL]. 科技进步与对策，1-10 [2022-09-16].

[16] 韩宜康，鹿金龙，柴若溪，宋汝朝. 数字化创新生态系统共生动力研究[J]. 科技经济市场，2022（06）：71-73.

[17] 毛秋红. 关于改善科技成果转化机制促进中小企业健康发展的对策研究[J]. 科技创新与生产力，2022（03）：1-5.

[18] 周俊颖. 知识产权成果转化机制研究[J]. 新会计，2022（02）：19-21.

[19] 徐梅，严会超，鄢朝辉，全锋，谢青梅，易晖，何冬梅. 新时代农牧企业人才需求的产学研合作机制探讨——以华南农业大学为例[J]. 南方农机，2022，53（03）：152-154.

[20] 周天剑，周肖树. 珠澳应用型本科高校产学研合作机制构建研究[J]. 成才之路，2021（25）：10-11.

[21] 苏科瑜. 科技成果转化机制构建探究[J]. 农村经济与科技，2021，32（16）：323-325.

[22] 任志宽. 新型研发机构产学研合作模式及机制研究[J]. 中国科技论坛, 2019 (10): 16-23.

[23] 田静. 江苏农村人居环境整治模式及机制创新研究[J]. 城市建设理论研究（电子版）, 2019 (16): 62.

[24] 芦冬青. 基于结构洞理论的区域创新生态系统创新动力机制研究[J]. 西昌学院学报（自然科学版）, 2018, 32 (01): 50-55+110.

[25] 张永, 吕品. 以校企协同构建技术创新市场导向机制[J]. 产业与科技论坛, 2017, 16 (18): 285-286.

[26] 许小苍, 陈琳红, 刘俊丽. 供给侧结构性改革背景下区域产业生态创新系统运行机理研究[J]. 商场现代化, 2016 (27): 212-213.

[27] 杜明. 强化环境保护审判工作, 创新司法监管环境保障长效机制[N]. 法制生活报, 2008-12-17 (004).

[28] 岳鹄, 周子灼, 谭月彤. 三大湾区国际科技创新中心建设经验及对粤港澳大湾区的启示[J]. 特区经济, 2022 (08): 25-28.

[29] 孙久文, 殷赏. "双循环"新发展格局下粤港澳大湾区高质量发展的战略构想[J]. 广东社会科学, 2022 (04): 17-25+286-287.

[30] 马俊. 粤港澳大湾区区域创新生态系统：基于与旧金山湾区的对比分析[J]. 全国流通经济, 2022 (14): 127-132.

[31] 袁婷, 王世斌, 郄海霞, 王梅. 大学如何影响城市群创新生态系统形成与演化？——基于价值共创视角的案例研究[J]. 科学学与科学技术管理, 2022, 43 (04): 40-56.

[32] 蒋雨婷. 粤港澳大湾区数字经济发展现状、问题和建议[J]. 财富时代, 2022 (01): 142-144.

[33] 刘璟. 粤港澳大湾区产业创新生态重构：一个新的理论分析框架[J]. 河南社会科学, 2022, 30 (01): 99-111.

[34] 张宁. 西安建设国际科创中心城市的发展战略及路径——鉴于典型国际科创中心城市的经验启示[J]. 当代经济，2021（10）：54-57.

[35] 杨明，林正静. 用创新生态理论和"四链"融合研究建设粤港澳大湾区国际科技创新中心[J]. 科技管理研究，2021，41（13）：87-93.

[36] 王春. 粤港澳大湾区创新生态系统共生演进研究[J]. 海派经济学，2021，19（02）：161-175.

[37] 池仁勇，廖雅雅，郑伟伟. 大湾区经济发展的新模式：产业生态与创新生态融合与演化[J]. 自然辩证法研究，2021，37（06）：45-51.

[38] 高雅. 高质量发展背景下纽约创新中心营造及启示[J]. 北京规划建设，2021（02）：93-99.

[39] 谢伏瞻. 抓住战略机遇 推进粤港澳大湾区高质量发展[J]. 财经智库，2021，6（02）：5-12+139-140.

[40] 李应博，周斌彦. 后疫情时代湾区治理：粤港澳大湾区创新生态系统[J]. 中国软科学，2020（S1）：223-229.

[41] 马超平，林晓云. 世界三大湾区发展演化对粤港澳大湾区融合发展的启示[J]. 产业与科技论坛，2020，19（24）：56-58.

[42] 邓琦. 广深科技创新走廊深圳段的科技治理研究——基于与硅谷的比较分析[J]. 科技管理研究，2020，40（20）：92-98.

[43] 张小娟，杨映雪. 粤港澳大湾区智慧城市发展的问题与对策——基于世界三大湾区的经验分析[J]. 城市观察，2020（05）：139-146.

[44] 吕拉昌，赵雅楠. 粤港澳大湾区创新生态系统协同发展机制研究[J]. 特区实践与理论，2020（05）：88-94.

[45] 赵超. 区块链+粤港澳大湾区协同创新共同体构建分析[J]. 学术论坛，2020，43（04）：42-49.

[46] 游玎怡，李芝兰. 粤港澳大湾区港深科技创新政策的现状与优化策略——创新生态系统视角的分析[J]. 华中师范大学学报（人文社会科学版），2020，59（04）：43-52.

[47] 宋卫. 粤港澳大湾区创新生态系统的持续构建策略[J]. 全国流通经济，2020（19）：108-109.

[48] 林先扬，谈华丽."粤港澳大湾区创新发展"专题②　粤港澳大湾区发展新机遇与新突破[J]. 广东经济，2020（05）：10-13.

[49] 孙艳艳，张红，张敏. 日本筑波科学城创新生态系统构建模式研究[J]. 现代日本经济，2020，39（03）：65-80.

[50] 伍志凌，蒋楠茜. 浅析粤港澳大湾区发展机遇与挑战——以三大湾区成功经验为启示[J]. 居舍，2020（12）：3.

[51] 温锋华，张常明. 粤港澳大湾区与美国旧金山湾区创新生态比较研究[J]. 城市观察，2020（02）：39-46.

[52] 段杰. 粤港澳大湾区创新生态系统演进路径及创新能力：基于与旧金山湾区比较的视角[J]. 深圳大学学报（人文社会科学版），2020，37（02）：91-99.

[53] 张振刚，尚希磊. 旧金山湾区创新生态系统构建对粤港澳大湾区建设的启示[J]. 科技管理研究，2020，40（05）：1-5.

[54] 黎友焕，方田. 粤港澳大湾区政产学研协同创新生态系统运作机制研究[J]. 经济研究导刊，2019（35）：7-12.

[55] 张常明，温锋华. 旧金山湾区创新生态系统对粤港澳大湾区的启示[C]//活力城乡　美好人居——2019 中国城市规划年会论文集（16 区域规划与城市经济）. 2019，1482-1494.

[56] 魏颖，曹方，刘祯."多核"联动的粤港澳大湾区创新生态体系[J]. 全球科技经济瞭望，2019，34（07）：59-67.

[57] 谭晓丽. 粤港澳大湾区九地市区域创新生态系统构建及评价[J]. 现代经济信息, 2019（14）：472-474.

[58] 文韵, 蔡松锋, 肖敬亮. 建设粤港澳大湾区创新产业集群的机遇与挑战[J]. 宏观经济管理, 2019（07）：64-72.

[59] 赛迪智库规划研究所. 湾区科创中心建设的国际经验及启示[J]. 中国工业和信息化, 2019（05）：80-82.

[60] 黄群慧, 王健. 粤港澳大湾区：对接"一带一路"的全球科技创新中心[J]. 经济体制改革, 2019（01）：53-60.

[61] 曹秋静. 粤港澳大湾区：时代背景、机遇挑战与思路探析[J]. 社会建设研究, 2018（02）：142-149.

[62] 成洪波. 粤港澳大湾区"产学融创"：内涵实质、需求背景与路径探索[J]. 中国高教研究, 2018（10）：36-41.

[63] 孟祺. 金融支持与全球科创中心建设：国际经验与启示[J]. 科学管理研究, 2018, 36（03）：106-109.

[64] 辜胜阻, 曹冬梅, 杨嵋. 构建粤港澳大湾区创新生态系统的战略思考[J]. 中国软科学, 2018（04）：1-9.

[65] 陈相. 国外先进地区经验对粤港澳大湾区创新发展的启示[J]. 科技创业月刊, 2018, 31（03）：117-120.

[66] 刘云刚, 侯璐璐, 许志桦. 粤港澳大湾区跨境区域协调：现状、问题与展望[J]. 城市观察, 2018（01）：7-25.

[67] 钟韵, 胡晓华. 粤港澳大湾区的构建与制度创新：理论基础与实施机制[J]. 经济学家, 2017（12）：50-57.

[68] 蔡赤萌. 粤港澳大湾区城市群建设的战略意义和现实挑战[J]. 广东社会科学, 2017（04）：5-14+254.

[69] 申明浩，杨永聪. 国际湾区实践对粤港澳大湾区建设的启示[J]. 发展改革理论与实践，2017（07）：9-13.

[70] 张永伟. 深度利用国际创新资源的路径与政策国家治理[J]. 2017（Z1）：34-40.

[71] 李健，杨丹丹，高杨. 面向区域自主创新的科技资源配置模式研究[J]. 科学管理研究，2013，31（6）：15-18.

[72] 刘玲利. 科技资源配置机制研究：基于微观行为主体视角[J]. 科技进步与对策，2009，26（15）：1-3.

[73] 徐迪威，张颖，卢琰. 科技资源支撑粤港澳大湾区创新发展的研究[J]. 科技管理研究，2019，39（18）：11-17.

[74] 杨馨伟."一带一路"国际科技合作对沿线国的经济增长效应[D]. 泉州：华侨大学，2020.

[75] 侯辉生. 反思印度班加罗尔 打造创新型城市——班加罗尔对新乡市发展的借鉴意义[J]. 行政科学论坛，2017（07）：52-55.

[76] 蒋菁. 俄罗斯科技创新体系的构建与发展[J]. 俄罗斯东欧中亚研究，2021（05）：76-96+156-157.

[77] 林苇，王翼阳. 俄罗斯科技管理体系与发展政策研究[J]. 科学管理研究，2021，39（06）：146-155.

[78] 郭凯翔，李代天，滕颖. 以色列科技创新优势及中以合作建议[J]. 科技中国，2021（06）：25-28.

[79] 许鸿，孙建坤. 以色列科技创新优势和经验对云南的启示[J]. 云南科技管理，2021，34（02）：16-20.

[80] 梁嘉明，刘小丹，黄海滨. 粤港澳大湾区与葡萄牙、巴西科技合作潜力研究[J]. 科技管理研究，2021，41（11）：42-52.

[81] 广州日报. 大湾区挺起创新"脊梁"[EB/OL].（2021-05-17）[2021-05-17].

[82] 徐海龙，陈志. 以科技创新促进经济"双循环"新格局形成[J]. 科技中国，2021（6）：1-4.

[83] 曹小勇，李思儒. 数字经济推动服务业转型的机遇、挑战与路径研究——基于国内国际"双循环"新发展格局视角[J/OL]. 河北经贸大学学报，2021，42（05）：95-102. [2022-01-27].

[84] 陈文玲. 当前国内外经济形势与"双循环"新格局的构建[J]. 河海大学学报（哲学社会科学版），2020，22（04）：1-8+105.

[85] 李猛. 新时期构建国内国际"双循环"相互促进新发展格局的战略意义、主要问题和政策建议[J]. 当代经济管理，2020，43（01）：1-17.

[86] 王娟娟. 新通道贯通"一带一路"与国内国际"双循环"——基于产业链视角[J]. 中国流通经济，2020，34（10）：3-16.

[87] 谢科范. 加快建设科技创新国内国际"双循环"体系[J]. 中国发展观察，2021（Z7）：42-43+62.

[88] 雷小苗，杨名，李良艳. 科技自立自强与开放创新有机协同——双循环格局下的理论、机制与路径研究[J/OL]. 科学学研究，（2022-10-20）[2022-10-20].

[89] 杨中楷，高继平，梁永霞. 构建科技创新"双循环"新发展格局[EB/OL].（2021-05-27）[2022-05-1].

[90] 任声策，双循环需要什么样的科技创新生态[EB/OL].（2020-08-08）[2022-06-05].

[91] 陈劲，阳镇，尹西明. 双循环新发展格局下的中国科技创新战略[J]. 当代经济科学，2021，43（01）：1-9.

[92] Cooke P, Heidenreich M and Braczyk H J. Regional Innovation Systems: The Role of Governance in a Globalized World[M]. London: UCL Press, 2004.

[93] 张运生，陈祖琼. 技术标准化创新生态系统如何推动销售增长[J]. 科学学研究，2020，38（7）：1317-1324.

[94] 刘兵，赵雪，梁林等. 区域创新生态系统与人才配置协同演化路径研究：以京津冀地区为例[J]. 科技管理研究，2019，39（10）：46-54.

[95] 徐君，任腾飞，戈兴成等. 资源型城市创新生态系统的驱动效应分析[J]. 科技管理研究，2020，40（10）：26-35.

[96] Leydesdorff L, Etzkowitz H. The triple helix as a model for innovation studies[J]. Science and Public Policy, 1998, 25(3): 195-203.

[97] 祁明，林晓丹. 基于 TRIZ 论区域创新生态系统的构建[J]. 科技管理研究，2009，29（09）：444-446.

[98] 李晓娣，张小燕，尹士. 共生视角下中国区域创新生态系统发展观测——基于 TOPSIS 生态位评估投影模型的时空特征分析[J]. 运筹与管理，2020，29（06）：198-209.

[99] 解学梅，刘晓杰. 区域创新生态系统生态位适宜度评价与预测——基于 2009—2018 中国 30 个省市数据实证研究[J]. 科学学研究，2021，39（09）：1706-1719.

[100] 温科，张贵，张晓阳. 产业创新生态的运行现状、发展潜力与类别[J]. 科技管理研究，2020，40（4）：179-190.

[101] 林先扬，谈华丽. 粤港澳大湾区聚合全球创新资源建设国家创新体系模式探析[J]. 岭南学刊，2019（5）：49-55.

[102] 汪云兴. 粤港澳大湾区协同创新的着力点[J]. 开放导报，2018（2）：55-56.

[103] 李铁成，刘力. 粤港澳大湾区协同创新系统的政策体系研究[J]. 科技管理研究，2021，41（8）：8-27.

[104] 刘璟. 粤港澳大湾区产业创新生态重构机理与路径选择[J]. 科技管理研究，2021，41（11）：84-92.

[105] 覃艳华，曹细玉. 粤港澳大湾区城市群科技协同创新研究[J]. 华中师范大学学报（自然科学版），2019，53（2）：255-262.

[106] 刘琦. 粤港澳大湾区科技创新策源能力评价研究[J]. 经济体制改革，2021
（3）：65-71.

[107] 陈文玲. 加快把粤港澳大湾区打造成世界级创新平台和战略高地[EB/OL].
（2022-08-01）[2022-08-01].

[108] 深圳特区报. 深圳"双创"综合指数 6 年蝉联第一[EB/OL].（2022-08-17）
[2022-09-19].

[109] 广州日报. 大湾区挺起创新"脊梁"[EB/OL].（2021-05-17）[2021-05-17].

[110] 杨新洪. 粤港澳大湾区产业协同发展研究[J]. 岭南学刊，2021（1）：5-14.

[111] 田桂玲. 区域创新链、创新集群与区域创新体系探讨[J]. 科学学与科学技术
管理，2007（7）：197-198.

[112] 倪君，刘瑶等. "两链融合"与粤港澳大湾区创新系统优化[J]. 区域经济评
论，2021（1）：98-100.

[113] 俞立平. 中国科技创新多元化投入的演化及发展趋势[J]. 中国科技论坛，
2020（09）：4-7.

[114] 科技部人才中心政策研究小组. 党的十八大以来科技人才政策综述[J]. 中国
科技人才，2021（05）：6-13.

[115] 齐冠钧. "一带一路"框架下粤港澳大湾区面临的挑战与对策[J]. 东北亚经
济研究，2021，5（03）：18-26.

[116] 张军成，李威浩. "一带一路"背景下新时代科技创新理论及实践路径探
究[J]. 科技进步与对策，2020，37（08）：27-33.

[117] 李林杰. "一带一路"建设下广东—东盟科技合作圈建设研究模式探究[J].
产业与科技论坛，2021，20（24）：19-20.

[118] 李根，李志芬. "一带一路"视域下的中以科技创新合作[J]. 中阿科技论坛
（中英文），2022（08）：7-10.

[119] 封晓茹，许洪彬等. 港澳地区参与"一带一路"科技创新合作的研究[J]. 科技管理研究，2020，40（17）：45-52.

[120] 陈佳悦. 新发展格局下粤港澳大湾区创新生态系统研究[J]. 中小企业管理与科技（下旬刊），2021（11）：128-130.

[121] 孙福全. 完善科技创新体制机制的思考和建议[EB/OL]. （2019-12-26）[2021-08-17].